Wilfried Weißflog

Einmal anders predigen

Wilfried Weißflog

Einmal anders predigen

Biblische Texte ungewohnt erklärt

Fromm Verlag

Impressum / Imprint
Bibliografische Information der Deutschen Nationalbibliothek: Die Deutsche Nationalbibliothek verzeichnet diese Publikation in der Deutschen Nationalbibliografie; detaillierte bibliografische Daten sind im Internet über http://dnb.d-nb.de abrufbar.
Alle in diesem Buch genannten Marken und Produktnamen unterliegen warenzeichen-, marken- oder patentrechtlichem Schutz bzw. sind Warenzeichen oder eingetragene Warenzeichen der jeweiligen Inhaber. Die Wiedergabe von Marken, Produktnamen, Gebrauchsnamen, Handelsnamen, Warenbezeichnungen u.s.w. in diesem Werk berechtigt auch ohne besondere Kennzeichnung nicht zu der Annahme, dass solche Namen im Sinne der Warenzeichen- und Markenschutzgesetzgebung als frei zu betrachten wären und daher von jedermann benutzt werden dürften.

Bibliographic information published by the Deutsche Nationalbibliothek: The Deutsche Nationalbibliothek lists this publication in the Deutsche Nationalbibliografie; detailed bibliographic data are available in the Internet at http://dnb.d-nb.de.
Any brand names and product names mentioned in this book are subject to trademark, brand or patent protection and are trademarks or registered trademarks of their respective holders. The use of brand names, product names, common names, trade names, product descriptions etc. even without a particular marking in this work is in no way to be construed to mean that such names may be regarded as unrestricted in respect of trademark and brand protection legislation and could thus be used by anyone.

Verlag / Publisher:
Fromm Verlag
ist ein Imprint der / is a trademark of
OmniScriptum GmbH & Co. KG
Heinrich-Böcking-Str. 6-8, 66121 Saarbrücken, Deutschland / Germany
Email: info@frommverlag.de

Herstellung: siehe letzte Seite /
Printed at: see last page
ISBN: 978-3-8416-0471-2

Copyright © 2014 OmniScriptum GmbH & Co. KG
Alle Rechte vorbehalten. / All rights reserved. Saarbrücken 2014

Vorwort

„Einmal anders predigen" – ist der Titel dieses Buches. Was ist denn „anders", als bei üblichen Predigten? Es kommen die Verfasser der Predigttexte zu Wort. Aber auch die Personen, von denen der Text berichtet. Sogar Berge „reden" in einer Predigt!

Wie kam ich dazu, „einmal anders" zu predigen?

„Der Gottesdienst ist die Mitte unseres Gemeindelebens"! Diesen Satz hörte ich oft in Gesprächen mit Gemeindegliedern. Aber ich hörte auch die Kritik, besonders von Konfirmanden, dass der Gottesdienst langweilig sei. So suchte ich nach Wegen, wie das „Herzstück" des evangelischen Gottesdienstes – die Predigt – interessanter sein könnte. Ich wollte nicht nur dogmatisch korrekt predigen, sondern die Hörer erreichen. Das will ja jede Predigt! Aber nicht immer ist eine „richtige" Predigt auch eine Predigt, die bei den Hörern „ankommt"!

In vielen Nachbetrachtungen dieser „anderen" Predigten – oft in einem „Kirchenkaffee" im Anschluss an den Gottesdienst – wurde mir gesagt, dass die soeben gehörte Predigt ungewohnt, aber nicht langweilig gewesen sei. Nun können Sie – die Leser dieses Buches – sich selbst ein Urteil bilden.

Einige Anmerkungen möchte ich dazu machen:

Die Versuchung bei diesen „anderen" Predigten ist sehr groß, dass in die biblischen Texte mehr hineingedeutet wird, als die Texte selbst aussagen. Ich habe mich bemüht, dieser Versuchung zu widerstehen.

Die andere Schwierigkeit besteht darin, dass in den „anderen" Predigten der Bezug zur Gegenwart nur schwer oder gar nicht erkannt werden könnte. Wenn die Verfasser der biblischen Texte zu Wort kommen, bleibt doch der „garstige Graben" zwischen damals und heute bestehen, den schon der Pfarrerssohn Gotthold Ephraim Lessing – der große Aufklärer – beklagte! Wie weit es mir gelungen ist, diesen „Graben" zu überbrücken überlasse ich auch dem Urteil der Leser.

Zuletzt darf diese „andere" Predigt nicht zu oft der Gemeinde zugemutet werden. Das ist der große Nachteil dieses Buches, dass der nötige zeitliche Abstand zwischen den „anderen" Predigten fehlt!

Alle abgedruckten Predigten habe ich in verschiedenen Kirchgemeinden in Zittau und Umgebung, sowie in Dresden und dem Dresdner Umland gehalten. Als Superintendent des Kirchenkreises Löbau-Zittau und zuletzt als Ruheständler in Dresden hatte ich die große Chance, nicht nur in einer Kirchgemeinde predigen zu müssen! Lesen Sie die „anderen" Predigten bitte mit längerem zeitlichen Abstand!

Wenn diese „anderen" Predigten aber einen Impuls für die Arbeit an der Predigt geben könnten, und wenn das Wort Gottes auf ungewohnte Art neu gehört und verstanden würde, wäre die Veröffentlichung dieser Predigten nicht vergeblich gewesen.

Wilfried Weißflog

Dresden, im August 2014

Inhaltsverzeichnis

(nach dem Kirchenjahr geordnet)

1 : **Septuagesimä**   S. 5
     Berufung des Matthäus   Matthäus 9,13

2 : **Estomihi**   S. 9
     Ein Blinder wird sehend   Lukas 18, 35 – 43

3 : **Invokavit**   S. 14
     Vom Herrschen und Dienen   Lukas 22, 24 – 26

4 : **Reminiscere**   S. 19
     Wer ist Jesus?   Johannes 8, 21 -30

5 : **Okuli**   S. 24
     Jeremias Klage   Jeremia 20, 7 – 9

6 : **Okuli**   S. 29
     Elia verzweifelt   1. Könige 19, 1 – 15

7 : **Ostermontag**   S. 36
     Nachtrag zum Ostermorgen   Lukas 24, 36 – 45

8 : **Kantate**   S. 41
     Loblied der Kinder   Matthäus 21, 14 – 22

9 : **Kantate**   S. 47
     Das gläserne Meer   Offenbarung 15, 2 – 4

10 : **1. Sonntag nach Trinitatis**   S. 52
     Erntearbeit   Matthäus 9, 35 – 38

11 : **3. Sonntag nach Trinitatis**   S. 57
     Kleiner, großer Zachäus   Lukas 19, 1 – 10

12 : **5. Sonntag nach Trinitatis**   S. 62
     Nachfolge   Johannes 1, 35 – 42

13 : 9. Sonntag nach Trinitatis		S. 67
Verlust – Gewinn	Philipper 3, 7 – 14	
14 : 10. Sonntag nach Trinitatis		S. 72
Israelsonntag	2. Könige 25, 8 – 12	
15 : 11. Sonntag nach Trinitatis		S. 77
Ungleiche Söhne	Matthäus 21, 28 – 31	
16 : 11. Sonntag nach Trinitatis		S. 81
Das Maß der Liebe	Lukas 7, 36 – 50	
17 : 12. Sonntag nach Trinitatis		S. 87
Wunderbare Verwandlung	Jesaja 29, 17 – 24	
18 : 13. Sonntag nach Trinitatis		S. 92
Barmherziger Samariter	Lukas 10, 25 – 37	
19 : 14. Sonntag nach Trinitatis		S. 96
Dankbarer Samariter	Markus 1, 40 – 45	
20 : 14. Sonntag nach Trinitatis		S. 101
Jakob träumt	1. Mose 28, 10 – 22	
21 : 16. Sonntag nach Trinitatis		S. 108
Vertrauen behalten	Hebräer 10, 35 – 36	
22 : 17. Sonntag nach Trinitatis		S. 113
Ein Blinder sieht mehr	Johannes 9, 35 – 41	
23 : 18. Sonntag nach Trinitatis		S. 119
Klarer Kopf – volles Herz	Epheser 5, 14 – 21	
24 : 22. Sonntag nach Trinitatis		S. 125
Der Schalksknecht	Matthäus 18, 21 – 35	

Predigt am Sonntag Septuagesimä

Matthäus 9, 9 – 13

Der Text:

Als Jesus weiterging, sah er einen Mann namens Matthäus am Zoll sitzen und sagte zu ihm: „Folge mir nach!" Da stand Matthäus auf und folgte ihm. Und als Jesus in seinem Haus beim Essen war, kamen viele Zöllner und Sünder und aßen zusammen mit ihm und seinen Jüngern. Als die Pharisäer das sahen, sagten sie zu seinen Jüngern: „Wie kann euer Meister zusammen mit Zöllnern und Sündern essen?" Jesus hörte es und sagte: „Nicht die Gesunden brauchen den Arzt, sondern die Kranken. Darum lernt, was es heißt: Barmherzigkeit will ich; nicht Opfer. Denn ich bin gekommen, um die Sünder zu rufen, nicht die Gerechten."

Liebe Gemeinde,

wir haben als Predigttext gehört, wie Jesus den Zöllner Matthäus zu seinem Jünger in die Nachfolge beruft. Einige Pharisäer sind darüber verwundert und erbost.
Ein Pharisäer sagt:
Über Jesus kann man sich nur wundern! Kürzlich hatte man einen Gelähmten zu ihm gebracht. Alle warteten gespannt darauf, ob Jesus ihn heilen konnte. Doch kein Wunder geschah. Stattdessen sagte Jesus zu dem Gelähmten: „Deine Sünden sind dir vergeben". Also, ich weiß ja nicht, ob der Gelähmte das von Jesus erwartet hatte? Der wollte doch „wieder auf die Beine kommen" – oder?

Auch mir stockte der Atem. Durfte Jesus überhaupt Sünden vergeben? Wer hat ihn dazu ermächtigt? Gott allein kann Sünden vergeben! Was nimmt sich dieser Jesus heraus?

Eine unglaubliche Spannung lag in der Luft. Ob Jesus Gedanken erahnte? Er sagte nämlich: „Was habt ihr für so böse Gedanken im Herzen? Denn, was ist leichter, zu sagen: Deine Sünden sind dir vergeben; oder, steh` auf und geh` umher?" Und dann sagte er zu dem Gelähmten: „Steh` auf, nimm deine Tragbahre und geh` nach Hause." – Und er konnte tatsächlich gehen!

Jesus hatte dem Gelähmten nicht nur die „Sünden" vergeben; er hatte ihn im wahrsten Sinn des Wortes auf die Beine gestellt. Ich sagte es ja schon: Über Jesus kann man sich nur wundern! Doch damit nicht genug! Meine „Verwunderung" ging weiter.

Jesus ging nämlich sofort zum Zollhaus. Dort war ein gewisser Matthäus Zollinspektor. Was hatte Jesus schon zu verzollen? Der war doch arm wie eine „Kirchenmaus"! Nein, der ruft doch ausgerechnet diesen stadtbekannten Betrüger, diesen Gauner, der ohne rot zu werden, Zollgebühren verlangt, die sich gewaschen haben; also – ich finde keine Worte – dieser Jesus sagt doch zum Lewi Matthäus: „Folge mir nach!" Was soll man dazu sagen? Zöllner arbeiten mit den verhassten Besatzern, den Römern, diesen Heiden, Hand in Hand. Wann wird dieser Lewi Matthäus das letzte Mal im Tempel gewesen sein? Ich habe ihn seit Jahren dort nicht gesehen.

Also mir hatte Jesus ausreichend bewiesen, dass er nicht der Retter Israels, der Messias, sein konnte. Wenn er wirklich der Messias wäre, wie er es uns ja bei der Sündenvergebung, die er dem Gelähmten zusprach, zeigen wollte; dann hätte er doch auch wissen müssen, dass im Zollhaus keine „Heiligen" sitzen! Dazu muss man kein Prophet sein!

„Sage mir, mit wem du umgehst, und ich sage dir, wer du bist"! Das Sprichwort hat recht! Eine „schöne Gesellschaft" versammelt Jesus um sich! Man muss sich nur einmal seine Jünger ansehen. Der Zöllner Matthäus geht mit ihm. Ein „Partisan" – so heißen bei uns die Zeloten – ist auch mit dabei. Und schließlich ist auch ein gewisser Judas Iskarioth sein Jünger. Viel später erst erfuhr ich, dass dieser Judas seinen „Meister" – seinen Jesus – unserer Tempelpolizei angezeigt hatte. Na gut; Fehler können jedem einmal passieren. Wer kennt schon die Menschen? Wer kann ihnen in's Herz sehen? – Was mich ärgert ist, dass Jesus behauptet, Gott will es so! So muss es sein! Die „Kranken" will ich heilen. Die „Gesunden" brauchen mich nicht. Sie sind doch „stark"!

Doch was ich dem Matthäus nie zugetraut hätte; der verlässt seine „Zollbude" und folgt Jesus! Der dreht sich nicht einmal nach seinem Zollhaus um! Das viele Geld, das er dort scheffelte! Wovon will er in Zukunft leben? Hat er sich darüber gar keine Gedanken gemacht? So einfach alles stehen und liegen lassen; geht das denn?

Ein neues Leben anfangen – das wollen viele! Aber das ist doch nicht so einfach! Man soll sich den Neubeginn nicht zu leicht vorstellen!

Na, gut! Der neue Weg mit Jesus ist für Lewi Matthäus ja wenigstens am Anfang ein vertrauter Weg gewesen. Jesus ging mit ihm in sein Haus! Beginnt das neue Leben immer in der alten Umgebung? Ich weiß es nicht. Aber ich hörte, dass Jesus im Haus des Lewi Matthäus ein Fest feierte. Was gab es denn zu feiern?

Soll man noch stolz darauf sein, wenn man – wie dieser Matthäus – so tief gesunken ist? Jedenfalls schämt sich dieser Jesus nicht seiner Freunde! Erstaunlich! Er setzt sogar seinen guten Ruf auf's Spiel. „Sage mir, mit wem du umgehst...", aber das wissen Sie ja schon!

Ja, krank sind solche Typen schon. Deshalb geht mir das Wort Jesu von den Kranken nicht aus dem Sinn. Krank sind sie vielleicht nicht so sehr an einzelnen Organen. Aber, wenn sie noch ein Gewissen haben oder gar ein Herz – dann muss doch eine zentnerschwere Last auf ihnen liegen?! Doch sie feiern mit Jesus ein Fest! Die Last muss verschwunden sein. Denn wie kann man mit Lasten feiern? Jeder Bissen muss einem doch im Hals stecken bleiben! Hat Jesus sie gesund gemacht? Ob ihre Gesundung damit begann, als Jesus das Brot und den Wein mit ihnen teilte? Soll ich mich über Jesus ärgern oder ihn nicht vielmehr bewundern?

Es bleibt „ärgerlich", dass Jesus bei uns „Frommen" nur sehr selten einkehrte. Seine Nähe erfahren andere. Aber ich frage mich: Was habe ich dem Lewi Matthäus voraus? Bin ich stark? Bin ich besser, als er?

Besser vor Gott dazustehen; das möchte ich schon. Darum bemühe ich mich. Mein Zehnter und mein Fasten – ob das vor Gott noch nicht genug ist? Ich schwanke hin und her. Ob Jesus meine Gedanken erkannt hat?

Zuletzt sagte er zu uns, die wir seine Nähe zu den „Sündern" und „Verlorenen" nicht begreifen konnten, einen Satz aus dem Buch des Propheten Hosea: „Barmherzigkeit ist besser und gefällt Gott mehr, als viele Opfer." (Hosea 6, 6) Ja, diesen Satz sagte er. Wir „Frommen" hätten ihn wissen müssen! Da ging mir ein Licht auf.

Gewiss sieht Gott mein redliches Bemühen. Meine „Opfer" wird er auch nicht übersehen. Da kann ich sicher sein. Aber ich muss nicht besser vor Gott, sondern besser zu meinen Mitmenschen sein. Weil Gott barmherzig zu mir ist, soll auch ich barmherzig zu meinem Nächsten sein.

Der Lewi Matthäus hat es erfahren. Gott war zu ihm barmherziger, als er es verdient hatte. Hat sich deshalb sein Leben verwandelt? Mit einer „Moralpredigt" am Zollhaus hätte Jesus wohl wenig erreicht. Doch jetzt war Lewi Matthäus ein anderer geworden. Wohl deshalb, weil er Barmherzigkeit erfahren hatte.

Und ich? Kann ich das „Wunder" nicht auch erfahren? Jesus wird auch mit mir barmherzig sein. Er sucht doch immer noch Menschen, die ihm nachfolgen.

Amen.

Predigt am Sonntag Estomihi

Lukas 18, 31 - 43

Der Text:

Jesus nahm zu sich die Zwölf und sprach zu ihnen: „Seht, wir gehen hinauf nach Jerusalem, und es wird alles vollendet werden, was die Propheten von dem Menschensohn geschrieben haben. Denn er wird überantwortet werden den Heiden, und er wird verspottet und geschmäht werden. Und sie werden ihn geißeln und töten. Aber am dritten Tag wird er auferstehen."
Sie aber verstanden kein Wort, und die Rede blieb ihnen verborgen. Und sie wussten nicht, was das Gesagte war.
Als er aber nahe an Jericho kam, saß ein Blinder am Weg und bettelte. Da er hörte das Volk, das in seiner Nähe war, fragte er, was das wäre. Da sagten sie ihm, Jesus von Nazareth gehe vorüber. Und er rief laut und sprach: „Jesus, du Sohn Davids, erbarme dich meiner!" Aber man bedrohte ihn und wollte ihn zum Schweigen bringen. Er aber schrie noch viel lauter: „Du Sohn Davids, erbarme dich meiner."
Jesus stand still und hieß ihn zu sich führen. Dann fragte er ihn: „Was willst du, dass ich dir tun soll?" Der Blinde sprach: „Herr, dass ich sehend werde!" Und Jesus sprach zu ihm: „Sei sehend! Dein Glaube hat dir geholfen." Und alsbald wurde er sehend, folgte Jesus nach und pries Gott. Und alles Volk, das solches erlebte, lobte Gott.

Liebe Gemeinde,

wir feiern heute den letzten Sonntag vor der Passionszeit. Wir haben soeben das „Kyrie eleison" gesungen. Zum letzten Mal vor dem Osterfest. Auch im Predigttext dieses Sonntages ruft einer: „Kyrie eleison" – das heißt.: „Herr, erbarme dich." Deshalb möchte ich ihm das Wort erteilen. Er soll uns sagen, was in ihm vorging und was mit ihm geschah.

Ich bin der Bartimäus aus Jericho. Nur der Evangelist Markus nennt mich bei meinem Namen. Lukas spricht von mir nur als dem „Blinden". Aber ein Blinder war ich ja! Und seit ich zur Jesus-Gemeinde gehöre, bin ich der Blinde geblieben. Aber ich eile voraus. Deshalb der Reihe nach.

Ich saß und bettelte am Eingang meiner Stadt Jericho. Was sollte ich als Blinder denn sonst tun? Da hörte ich – und mein Gehör ist gerade wegen meiner Blindheit sehr gut – dass Jesus, der Mann aus Nazareth, kommt. Woher ich von Jesus wusste? Ich wusste nichts von ihm! Aber ich rief laut: „Kyrie eleison".

Das verärgerte viele Leute. Sie wollten, dass ich mit meinem Geschrei aufhöre. Aber ich schrie noch viel lauter: „Sohn Davids, erbarme dich meiner" ; ja, so rief ich. Noch einmal: Ich wusste ja gar nicht, ob er der Sohn Davids, der versprochene Retter unseres Volkes, war. Ich glaubte blind – dass er es sei! Muss man nicht manches Mal blind vertrauen?

Ich bin blind. Ich konnte nicht sehen, dass Jesus vor mir stand. Aber ich hörte ihn! Denn er fragte mich, was er für mich tun soll. Sah er mir meine Blindheit nicht an? Welche Frage?! Ich sagte ihm, dass ich sehend werden möchte. Und er sagte: „Du sollst wieder sehen; dein Glaube hat dir geholfen." Mein blindes Vertrauen wurde so zu meiner Rettung. Wer hätte das gedacht? Ich konnte sehen. Und ich pries Gott für die Heilung. Danach folgte ich Jesus auf seinem Weg. Soweit meine Geschichte.

Wäre nicht noch das, was ich als Nachfolgender, als nun Sehender, mit Jesus erlebte. Sein Weg führte ihn nach Jerusalem. Das heißt, als er zuvor durch unsere Stadt ging, kam Jesus zu einem gewissen Zachäus, der ein stadtbekannter Zöllner, ein Gauner und Betrüger war.

Gleich nach meiner Heilung von meiner Blindheit geschah schon wieder ein Wunder! Ein Betrüger wird ein ehrlicher Mensch! Wann passiert das schon? – Aber davon wollte ich gar nicht reden.

Ich ging mit meinem „Heiland"; ja, Jesus hat mich heil gemacht! Doch in Jerusalem kam es zur Katastrophe. Jesus wurde verhaftet. Das Synhedrion – so heißt unsere Regierung – hatte ihn als Ketzer und Gotteslästerer schon lange im Blick. Er wusste es. Denn er sagte, ehe er mich traf: „Wir gehen hinauf nach Jerusalem. Dort muss sich alles erfüllen, was die Propheten über den Menschensohn sagten. Er – der Menschensohn – wird ausgeliefert werden; wird verspottet, misshandelt und getötet werden. Aber am dritten Tag wird er auferstehen."

Nein – ich hatte diese Worte von ihm nicht gehört. Ich wurde ja erst später sehend! Aber ich „stolperte" über seine Worte: „Es wird alles vollendet werden."

Vollendet – vollbracht – heißt das nicht: Alles wird gut! Alles ist gut! Triumph! Sieg! Doch wie passen „Vollendung" und „Leiden" zusammen?

Ich litt als Blinder sehr. Sie können sich die „Blindheit" gar nicht schwer genug vorstellen! Immer ist Nacht! Immer ist ein Blinder im Dunkeln! Immer ist er auf Hilfe angewiesen! Ja, was Leiden bedeuten kann, das weiß ich. Aber Vollendung durch Leiden – das wusste ich nicht. Was sollte denn durch das Leiden Jesu vollendet werden?

Zunächst ging er den beschwerlichen Weg von Jericho nach Jerusalem. Er ist über 25 Kilometer lang, sehr steinig und steil. 1300 Höhenmeter müssen überwunden werden. Ein beschwerlicher Weg! Nicht selten lauern Räuber an dieser Straße, um „Beute" zu machen. Auf der Straße von Jericho nach Jerusalem sind schon etliche „unter die Räuber gekommen"! Nach Jerusalem wollte mein Heiland. Er wusste doch, dass er dort nicht freundlich empfangen werden würde. Von unserem Synhedrion habe ich ja schon berichtet. Ich – der sehend gewordene Bartimäus – fragte mich immer wieder: „Was will denn Jesus in Jerusalem vollenden?" Ja, ich ahnte es. Es kann und darf nicht alles so bleiben, wie es ist. Denn wenn etwas vollendet werden soll, muss es doch vorher noch unvollkommen gewesen sein! Doch was soll anders werden, eben vollendet? Will Jesus eine bessere, eine vollkommene Welt? Ich weiß es nicht! Aber einen „Umsturz", einen „Aufstand" oder gar eine „Revolution" hat er nicht herbeigeführt. Nein – das hat er nicht! Die „Sünde" kommt mir in den Sinn. Denn Sünde und Gott passen nicht zusammen! Und weil Sünde und Gott nicht zusammen passen, können wir Sünder nicht zu Gott kommen. Aber will Gott nicht „sein Volk" heimbringen? Das sagten doch die Propheten! Noch einmal: Ich war blind. Und von vielen wurde meine Blindheit als Strafe Gottes für Sünden angesehen. Blindheit, Krankheit, Behinderung – als Folge von Sünden? Nein, ich war mir keiner Sünde bewusst! Aber ist meine „Blindheit" nicht auch als Gleichnis zu verstehen?

Wie viele sind blind, obwohl sie gesunde Augen haben! Sie sind blind für die Wohltaten ihres Lebens. Sie sind blind für ihr Versagen. Sie sind blind für den Nächsten. Und sie sind blind für Gott!

Ich sehe – als ein von Jesus Geheilter – meine Blindheit jetzt ganz anders, als vor meiner Heilung! Wäre Jesus nicht nach Jerusalem gegangen, und hätte ich ihn nicht getroffen, wäre meine Blindheit geblieben. Mir wurde mein „Leiden" abgenommen. Jesus hat sein „Leiden" auf sich genommen! Als er kurze Zeit später am Kreuz starb, soll er gesagt haben: „Es ist vollbracht!" – Ich muss bekennen: Ich stand nicht unter seinem Kreuz. Ich war ihm zwar nachgefolgt, als er mich geheilt hatte, aber ich war seinen Weg nicht bis zum Ende mitgegangen. Bin ich doch ein „Blinder" geblieben?

Wie soll ich es mit meinen schwachen Worten nur ausdrücken, was Jesus vollenden wollte? Vielleicht so: Ohne sein Sterben am Kreuz wäre er ganz gewiss auch wieder zu seinem Vater im Himmel gekommen. Aber er wäre zu seinem Vater ohne uns „Sünder", ohne uns „Blinden", ohne uns, die wir nicht sehen und auch nicht erkennen, was zu unserem „Heil" dient, gekommen! Als Jesus mich von meiner „Blindheit" heilte, lobten Gott alle, die dieses Wunder mit erlebt hatten. Gott loben ist leicht, wenn man „Wunder", wenn man „Heilung", wenn man „glückliche Zeiten" erlebt. Doch ich will noch viel mehr Gott dafür loben, dass Jesus sein Leiden auf sich genommen hat. Es ist das Leiden der ganzen Welt.

Amen.

Predigt am Sonntag Invokavit

Lukas 22, 31 - 34

Der Text:

„Simon, Simon, der Satan hat verlangt, das er dich wie Weizen sieben darf. Ich aber habe für dich gebetet, dass dein Glaube nicht erlöscht. Und wenn du dich wieder bekehrt hast, dann stärke deine Brüder." Darauf sagte Petrus zu ihm: „Herr, ich bin bereit, mit dir sogar in´s Gefängnis oder in den Tod zu gehen." Jesus antwortete: „Ich sage dir, ehe heute der Hahn kräht, wirst du dreimal leugnen, mich zu kennen."

Liebe Gemeinde,

wir haben seit dem „Aschermittwoch" die Passions- , die Leidenszeit Jesu begonnen. Sein Leiden und Sterben wollen wir in den kommenden Wochen bedenken. Die Frage ist ja nicht nur, wie Jesus sein Leiden angenommen hat, sondern wie wir unser Leiden beurteilen.
Vom Leiden und Sterben Jesu wollten Petrus – und alle Jünger Jesu – nichts wissen! Sie sind ihm nachgefolgt. Aber sie wollten mit ihm herrschen und nicht mit ihm leiden! Wie viele „Wunder" hatten sie in der Nachfolge Jesu erlebt! Doch wir hören im Predigttext an diesem ersten Sonntag in der Passionszeit ganz andere Worte. Petrus wird von Jesus angesprochen. Darum möchte ich Petrus das Wort erteilen:
„Ja – ich bin Petrus. Übersetzt aus dem Griechischen heißt das: „Der Fels". Warum aber redete mich Jesus wieder einmal mit meinem „bürgerlichen" Namen, mit Simon, an? Gleich zweimal! Und das weiß ich auch als ein „Unge-

bildeter", dass eine Wiederholung nicht nur in der hebräischen Sprache eine Verstärkung bedeutet! Warum wohl sagte Jesus zu mir: „Simon, Simon" – und nicht: Petrus? Diesen „Ehrennamen" hatte er mir doch selbst verliehen!? Und noch mehr verwunderte mich, dass er von mir und dem Satan in einem Atemzug redete! Ich bin doch sein Jünger! Von Anfang an! Warum redete Jesus von mir als einem Satan?

In das Gefängnis, ja, sogar in den Tod wollte ich mit ihm gehen! Ich wollte ihm meine große Liebe mit diesem Versprechen bezeugen! Ich war bereit, alles, wirklich alles, für meinen Herrn und Heiland zu geben. Deshalb wunderte ich mich schon sehr, dass Jesus mich mit meinem alten Namen ansprach. „Du wirst mich – noch ehe der neue Tag anbricht – dreimal verleugnen." Das sagte er.

Ich sollte Jesus nicht mehr als meinen Herrn und Heiland bezeugen? Niemals! Mein Vertrauen zu ihm war doch so groß! Wenn Jesus uns – seine Jünger – fragte, für wen wir ihn hielten, dann war ich es, der zugleich für die anderen Jünger sagte: „Du bist der Christus, der Retter Israels"! Warum jetzt: Simon? Warum redete Jesus jetzt von mir, als dem Teufel? Warum nur?

Von Versuchungen des Teufels wusste Jesus sehr wohl. Als er einmal lange gefastet hatte, sollte er „beweisen", der Sohn Gottes zu sein, wenn er aus Steinen Brot machen könnte. Er sollte sich sogar von der Tempelmauer herab fallen lassen, ohne den kleinsten Schaden zu nehmen, weil die Engel Gottes ihn doch bewahren würden! Und er sollte der reichste Mensch der Welt werden, wenn er nur den Satan anbeten würde! Jesus hat allen diesen satanischen Versuchungen widerstanden.

Da war noch mein Erlebnis auf dem See Genezareth. Wir Jünger waren alle im Boot – nur Jesus nicht! Doch er kam auf dem Wasser des Sees zu uns, als würde das Wasser Balken haben! Ich war ein Fischer auf diesem See, ehe ich von Jesus in seine Nachfolge berufen wurde. Darum wollte ich es ihm gleich tun. Wenn er auf dem Wasser gehen konnte, warum nicht auch ich ? –

Und Jesus rief mich tatsächlich, den Schritt aus dem sicheren Boot zu wagen! „Komm, Petrus"! – so rief er mich. Ich wagte alles! Doch ich wäre beinahe untergegangen, wenn Jesus mir nicht seine rettenden Hände gereicht hätte! Ich bekenne: Ich wollte wieder einmal der Größte sein. Mit meinem Zutrauen zu Jesus wollte ich die anderen Jünger beeindrucken. Doch das Wasser hat nicht nur keine Balken, auch der Glaube hat keine Balken. Damals schon hätte ich lernen können: Nicht ich halte am Glauben fest – sondern Jesus hält mich am Glauben.

So musste ich erst durch das „Sieb" des Satans geworfen werden! Wie die Spreu vom Weizen „gesiebt" wird, so musste mein Glaube – so muss unser Vertrauen zu Jesus – gesiebt werden.

Noch meinte ich „stark" zu sein! Ja, ich war neben Johannes der Einzige, der Jesus nach seiner Verhaftung in den Hof des Hohenpriesters gefolgt war. Ich wollte doch wissen, was man mit Jesus vor hatte! Da sprach mich in diesem Hof eine Magd an. Hatte mein galiläischer Dialekt mich verraten? Sie wollte wissen, ob auch ich zu diesem Verhafteten gehöre. Eigentlich eine harmlose Frage – oder? Doch ich war völlig überrumpelt von dieser Frage. Ich antwortete: „Ich kenne diesen Menschen nicht"!

Gefängnis und Tod wollte ich für meinen Heiland auf mich nehmen. Doch bereits bei dieser so einfachen Frage versagte ich jämmerlich!

Der krähende Hahn brachte mich wieder zur Besinnung. Ich weinte. Ich weinte über meine „Großspurigkeit". Ich weinte über mein Versagen! Wo Jesus meine Treue so nötig gebraucht hätte, hatte ich versagt und ihn maßlos enttäuscht!

Ich ging fort vom Ort meines Versagens. Es kamen mir aber die Worte in den Sinn, dass Jesus vorher zu mir gesagt hatte, er wolle darum beten, dass mein Glaube nicht erlöscht. Das half mir über mein Versagen hinweg. Sonst wäre ich wohl wie Judas in den Tod gegangen?

„Glauben" – so dachte ich damals – ist doch die eigene Leistung. Die einen können glauben, die anderen wollen nicht glauben. Es liegt an jedem selbst, ob er glaubt oder nicht glaubt! Ich kann doch auch glauben! Warum ist für viele der „Glaube" ein Wagnis?

Jetzt bin ich ein „anderer" Petrus geworden. Mein Versagen hat mich demütig gemacht. Nein – wenn Jesus nicht für uns und für unseren Glauben beten würde, dann können wir noch so gute Vorsätze haben, wir werden scheitern! Wenn Jesus mich nicht gehalten hätte, wer weiß, was aus mir – dem „Felsen" – geworden wäre! Nicht ich gebe alles für Jesus, doch er gibt alles für mich! - Ich wurde von Jesus beschämt; denn er sagte nach seiner Auferstehung zu mir: „Weide meine Schafe." Zuvor schon hatte er ja gesagt: „Wenn du dich bekehrt hast, dann stärke deine Brüder im Glauben." Jetzt versuche ich, anderen zum Glauben zu helfen, andere im Glauben froh zu machen. Kein Weg ist mir dafür zu weit.

Bleibt zuletzt noch zu sagen, dass dieser Bericht des Lukas ein Grund ist, mich als den „ersten Papst" zu bezeichnen. Aber ich denke, dass Sie, wenn Sie meine Worte zu diesem Bericht des Lukas vernommen haben, sich Ihr eigenes Urteil bilden können. Kein Mensch – und hätte er noch so großen Glauben – kann und muss "Stellvertreter Gottes" auf Erden sein.

Ich bin ja so froh, dass Jesus nicht nur für Menschen da ist, die einen „großen Glauben" haben, sondern erst recht für die Menschen, die so wie ich sind: Voller Liebe zu Jesus – aber auch mit ihrem Versagen im Glauben. Ob ich nicht auch deshalb, weil ich als „Fels" versagt habe, anderen zum Trost wurde? Ich weiß es nicht! Doch das habe ich bei meinem Versagen auch erkannt, dass sich an „Glaubenshelden" wohl nur wenige ein Vorbild nehmen! Aber wie mich mein Herr und Heiland Jesus Christus gehalten hat – auf dem See Genezareth und nach meiner Verleugnung im Hof des Hohenpriesters – so wird er auch Euch in seinen Händen halten, sagt der „gehaltene Petrus."
Soweit die Worte des Apostels.

Ob sie uns geholfen haben, dass auch wir uns als von Christus "Gehaltene" erkennen? „Höhr` mein Flehen..";　diese Motette von Felix Mendelssohn-Bartholdy sang der Chor in diesem Gottesdienst. Ja, àuch wir dürfen rufen: "Kyrie eleison" - „Herr, erbarme dich". Und er wird sich unser erbarmen.

Amen.

Predigt am Sonntag Reminiscere

Johannes 8, 21 – 30

Der Text:

Jesus sagte zu ihnen: „Ich gehe fort, und ihr werdet mich suchen, und ihr werdet in eurer Sünde sterben. Wohin ich gehe, dorthin könnt ihr nicht gelangen." Da sagten die Juden: „Will er sich etwa umbringen? Denn warum sagt er: Wohin ich gehe, dorthin könnt ihr nicht gelangen?"
Er sagte ihnen: „Ihr stammt von unten, ich aber stamme von oben; ihr seid aus dieser Welt, ich bin nicht aus dieser Welt. Ich habe euch gesagt: Ihr werdet in euren Sünden sterben; denn wenn ihr nicht glaubt, dass ich es bin, werdet ihr sterben in euren Sünden sterben." Da fragten sie ihn: „Wer bist du denn?" Jesus antwortete: „Warum rede ich überhaupt noch mit euch? Ich hätte noch viel über euch zu sagen und viel zu richten; aber er, der mich gesandt hat, bürgt für die Wahrheit, und was ich von ihm gehört habe, das sage ich der Welt." Sie verstanden nicht, dass er damit den Vater meinte.
Da sagte Jesus zu ihnen: „Wenn ihr den Menschensohn erhöht habt, dann werdet ihr erkennen, dass ich es bin. Ihr werdet erkennen, dass ich nichts im eigenen Namen tue, sondern nur das sage, was mich der Vater gelehrt hat. Und er, der mich gesandt hat, ist bei mir; er hat mich nicht allein gelassen, weil ich das tue, was ihm gefällt." Als Jesus das sagte, kamen viele zum Glauben an ihn.

Liebe Gemeinde,

es wird nicht wenige unter uns wundern, vielleicht sogar ärgern, dass Jesus im „Streitgespräch" mit den Pharisäern und Schriftgelehrten so arrogant und so unwirsch reagiert! Am Ende ist es ja gar kein „Gespräch"! Der „Dialog" – wenn es überhaupt einer war – ist „festgefahren"! „Was rede ich überhaupt noch mit Euch?! Ihr werdet sterben in Euren Sünden!" – Diese Worte aus dem Munde Jesu sagen doch: „Euch ist nicht mehr zu helfen. Bleibt mir doch gestohlen!"

Der Evangelist Johannes hat mit diesem Bericht gewiss kein „Tonbandprotokoll" wiedergegeben! Er „arbeitet" aber sehr oft mit dem „Stilmittel" des Missverständnisses. So beim Gespräch Jesu mit dem Ratsherrn Nikodemus (Joh.3, 1-21). Jesus redet vom „Neu-geboren-werden". Und Nikodemus denkt an die Geburt eines Menschen, die doch nicht wiederholbar ist!

Oder im Gespräch Jesu mit der Frau am Jakobsbrunnen (Joh.4, 1-26). Jesus bietet ihr „lebendiges Wasser" an. Und sie meint, sich mit diesem Wasser den täglichen Weg zum Brunnen ersparen zu können!

Oder wenn Johannes von der „Erhöhung" in unserem Predigttext redet. Immer meint der vierte Evangelist damit die „Erhöhung" Jesu am Kreuz!

Am Ende des 1. Jahrhunderts nach Christus, als das Johannesevangelium geschrieben wurde, war die Kluft zwischen der noch „jungen" Christenheit und der jüdischen Religion bereits sehr groß geworden. Wenn Johannes von den „Gegnern Jesu" redet, waren dies die Juden! Deshalb hat man seinem Evangelium eine antijüdische Haltung vorgeworfen. Aber ob mit dieser Erklärung die Rede Jesu mit den Pharisäern und Schriftgelehrten nicht mehr ärgerlich ist? Ich möchte uns fragen, welches „Bild" wir von Jesus haben? Da es in unserem Predigttext zu keinem „Gespräch" kommt, will ich die Betroffenen zu Wort kommen lassen. Wie haben sie Jesus erlebt?

Der Pharisäer:
Ja, ich würde mich schon als einen frommen Menschen bezeichnen. Den Glauben an den Gott unserer Väter halte ich in Ehren. Ich bemühe mich auch nach Kräften, die Gebote, die Mose uns gegeben hat, genau zu beachten. Doch noch nie hat mich jemand so unsicher im Glauben gemacht, wie dieser Jesus!
Seine „Tischgemeinschaft" mit Zöllnern und Huren gefällt mir nicht! Ich kann auch nicht gutheißen, dass er das Sabbatgebot oft nicht beachtet. Warum muss er seine „Zeichen und Wunder" ausgerechnet an diesem Tag tun? – Aber darum lehne ich ihn noch nicht ab, wie das etliche meiner Kollegen tun! Seinen Ernst in Glaubensdingen will ich gar nicht in Frage stellen. Man spürt schon, dass es ihm allein um Gott geht. Genauer gesagt, um das erste Gebot: Gott über alle Dinge zu fürchten, ihn zu lieben und ihm zu vertrauen! Aber warum überschreitet er die „Grenze", die Gott selbst gezogen hat? Gott ist im „Himmel". Er ist „oben". Er allein! Wir Menschen sind auf „Erden". Wir sind „unten"! Irdisch, mit Fehlern behaftet und in Schuld verstrickt. Wer will diese Kluft leugnen? Die Kluft, die uns von dem ewigen und heiligen Gott „im Himmel" und uns sterblichen und sündigen Menschen hier „auf Erden" trennt?
Die „Brücke", die diese Kluft überspannt, hat Gott uns mit der Thora, dem Gesetz gebaut. Nun übertritt Jesus nicht nur selbst das göttliche Gebot, wenn er es für nötig hält! Er behauptet sogar: „Ich und der Vater sind eins! Ich kenne Gott; ihr kennt ihn nicht!"
Doch ich habe gelernt: Wer Gott erkennen will, der muss in der Thora forschen und die Gebote halten. So habe ich den Glauben gelehrt bekommen. Jesus sagt dagegen: Wer Gott kennen lernen will, der soll an mich glauben. Denn ich komme von „oben", von Gott. Ihr seid von „unten", von der Welt. Was macht Jesus aus sich?
Und wenn wir einen „Beweis" von ihm für diesen unerhörten Anspruch for-

dern, dann zürnt er uns! Schon eure Forderung nach einem „Zeichen" – so sagt er zu uns – zeigt, dass ihr mich nicht erkannt habt. Jesus „beweist" nichts! Er erwartet aber unseren Glauben! Er sagt „Gott" und meint doch sich selbst. Er sagt: Ich bin das „Licht der Welt", aber er steht gewiss im Dienst der „Finsternis"? Selbst mich hat er ganz verwirrt und unsicher gemacht! So soll, ja, so muss er auch die ganze Härte des Gesetzes spüren! Und das Gesetz verlangt, dass ein Lästerer und Glaubensverführer sterben muss! –
Erstaunlich aber ist, dass Johannes seinen Bericht mit dem kaum für möglich gehaltenen Satz beschließt: „Da Jesus solches redete, glaubten viele an ihn." Darum soll auch einer, der zum Glauben gekommen war, erzählen, wie er Jesus erlebt hat:

Der Glaubende:

Ja, auch ich bemühe mich nach Kräften, Gottes Gebote zu halten. Ich weiß, warum es bei den orthodoxen Juden Brauch ist, am Kopf und an den Armen Gebetsriemen anzulegen. Die Tefilim, die in den kleinen ledernen Kästchen die Gebote Gottes und auch Gebete enthalten, sollen einen frommen Juden ständig daran erinnern: Mit dem „Kopf" und mit den „Händen" – also in seinen Gedanken und in seinen Taten – sei Gott immer dabei! Auch ich trug unsichtbar ein solches „Gesetzbuch" in mir. Ich wollte das Gesetz nicht aus dem Blick verlieren. Dabei kannte ich genügend Situationen, wo ich schwach geworden war. Gott zu lieben, dass hieß für mich vor allem, zu gehorchen. Da begegnete ich Jesus. Er las nicht in einem „Gesetzbuch". Er liest – was kein Mensch kann – in den Herzen der Menschen! So, als wäre unser Herz ein aufgeschlagenes Buch.

Nathanel – einer seiner Jünger – war so verwundert, dass Jesus ihn kannte, obwohl sich beide doch bis dahin noch niemals begegnet waren! (Joh.1, 48) Und auch die Frau am Jakobsbrunnen bei Sychar in Samarien – von ihr war ja schon die Rede – staunte sehr, als dieser Fremde von ihren „Männergeschichten" wusste. (Joh.4, 17)

Aber beide – und noch viele andere – zuletzt auch ich; wir fühlten uns, als Jesus uns in`s Herz schaute, nicht bloßgestellt – aber erkannt; nicht durchschaut – aber beachtet; nicht verachtet – aber erlöst.
Erlöst aus Zwängen und erlöst aus Schuld! Jesus verurteilte uns nicht. Er schalt nicht unseren „Unglauben". Er sprach uns vielmehr den Frieden Gottes zu. Mit dem Verstand ist dieser Friede nicht zu begreifen!
Ich weiß jetzt und glaube fest daran, dass Jesus nicht nur von Gott, dem liebenden Vater im Himmel, redet, sondern dass er von Gott gekommen ist. – Jesus hat mein Herz gewonnen. Nicht das Gesetz ist die „Brücke" von „unten" nach „oben", von der Erde zum Himmel und von uns Menschen zu Gott! Jesus allein kann und will diese Kluft zwischen uns und Gott überbrücken. Er ist das Licht der Welt! –
Wir haben beide gehört; den Vertreter der Pharisäer und den Vertreter der Glaubenden. Ihre Berichte zeigen: An Jesus scheiden sich die Geister! Damals und auch heute! Eine „Diskussion" hilft nicht weiter. Kompromisse kann es nicht geben! Ein bisschen Jesu Barmherzigkeit und ein bisschen eigene Gerechtigkeit. Das geht nicht.
Jesus schien lieblos und arrogant zu sein, als er das „Streitgespräch" mit den Pharisäern und Schriftgelehrten führte. Aber er wollte deutlich machen, was er einmal so sagte: „Wer nicht mit mir ist, der ist gegen mich. Wer nicht mit mir sammelt, der zerstreut." (Matth.12, 30)
Jesus will Nachfolger. Dass er mein Herr und mein Gott ist, sollen wir bekennen.

Amen.

Predigt am 3. Sonntag in der Passionszeit – Okuli

Jeremia 20, 7-11

Der Text:

„Herr, du hast mich überredet, und ich habe mich überreden lassen. Du bist mir zu stark gewesen und hast gewonnen! Doch ich bin darüber zum Spott geworden jeden Tag. Jeder verflucht mich! Denn seit ich geredet und gepredigt habe, ist mir dein Wort zum Hohn und zum Spott geworden.
Da dachte ich: Wohlan, ich will seiner nicht mehr gedenken und nicht mehr in seinem Namen predigen. Aber es ward in meinem Herzen wie ein brennendes Feuer, dass ich es nicht aushalten konnte. Ich wäre fast umgekommen! Ich hörte, wie viele um mich herum sagten: Wir wollen ihn verklagen, ob wir ihm beikommen können und uns an ihm rächen mögen! Aber der Herr ist bei mir. Er ist ein starker Held! Darum werden meine Verfolger zu Schanden werden."

Liebe Gemeinde,

ein „Gottesbote" lässt uns heute in sein Herz blicken. Doch was zeigt er uns? Nein – er sagt nicht: „Preiset den Herrn!" Auch nicht: „Halleluja – Amen!" Er zeigt uns vielmehr sein „zerrissenes Herz"! Er soll der „Gottesbote" sein. Doch er ist völlig verunsichert! Sein „Gottesbild" scheint zu zerbrechen! Wie soll es weiter gehen? Deshalb möchte ich in dieser Predigt ihn selbst zu Wort kommen lassen. So könnte er zu uns reden:
„Ich bin Jeremia. Mein Name bedeutet: „Gott richtet mich auf." Im Jahr 650 v. Chr. wurde ich als Sohn eines Priesters in Anathodt geboren. Mein „Arbeits-

feld" wurde Jerusalem, wo schon mein Vater – der Priester – gearbeitet hatte. Über vierzig lange Jahre bin ich ein „Prophet des Herrn" gewesen. Von 627 v. Chr. bis zum Untergang Judas im Jahr 586 v. Chr. Aber vielleicht wollten Sie das gar nicht wissen?

Ich habe manche „Bekenntnisse" – man nennt sie auch „Konfessiones" – in meinem Prophetenbuch niedergeschrieben. Fünf sind es: Im 11. und im 13, im 17. und im 18., und zuletzt im 20. Kapitel. Warum so viele „Bekenntnisse"? Vielleicht fragen Sie mich nicht mehr danach, wenn ich Ihnen heute ein solches „Bekenntnis" genauer erzähle.

Meinem Volk ging es gut! Unser „frommer" König Josia, der schon in sehr jungen Jahren auf den Königsthron gekommen war und 31 Jahre lang unseren kleinen Staat Juda regierte, hatte umfangreiche „Reformen" auf den Weg gebracht! Sie waren auch dringend nötig! Die fremden Götter, die unsere „gottlosen" Herrscher, zumeist ihren Frauen zuliebe, im Tempel zu Jerusalem eingeführt hatten, wurden nun endlich beseitigt.

Das Gesetz Gottes wurde neu erkannt! Das Volk war damit einverstanden! Es ist erstaunlich, wenn man bedenkt, dass eben dieselben Leute noch vor kurzer Zeit reichlich Opfer für die „falschen Götter" – freiwillig – aufgebracht hatten!

Warum blieb ich bei dieser Erneuerung misstrauisch? Hätte ich sie nicht auch „bejubeln" sollen? Ich erkannte, dass auch der „fromme" König Josia seine Erneuerung nur auf die Reform des Heiligtums beschränkt hatte. Aber müssen nicht unsere Herzen erneuert werden?

Josia meinte, wenn nur unserem Gott „richtig" geopfert werden würde, wenn wir nur ihn loben und anbeten, dann wird, dann muss (!) alles gut werden. Gott wohnt dann unter uns. Ob er richtig dachte?

Noch einmal: Ich hätte zufrieden sein können! Einen solchen „frommen" König hatten wir lange nicht! Doch ich erhob weiter warnend meine Stimme. So brachte ich mich – ungewollt – in eine „Außenseiterrolle"! Warum nur? Als im

Jahr 609 v. Chr. König Josia starb, begann mein „Leidensweg"! Seine Nachfolger: Zuerst Jojakim, danach Zedekia, machten Josias Reformen wieder rückgängig. Ich hatte es geahnt!

Jojakim ließ mich verhaften und wie einen Verbrecher in den „Block" stecken. Wissen Sie, der „Block" umschließt Kopf und Hände. Ich sollte also „an Haupt und Gliedern" unschädlich gemacht werden! Doch damit nicht genug! Man warf mich in eine „Zisterne", einen Brunnen, der – gottlob – fast ausgetrocknet war. So kam ich – zum Glück – mit dem Leben davon.

Doch wie sah meine wieder gewonnene „Freiheit" aus? Weil die Sieger im Kampf um Juda, die Babylonier, mich befreit hatten, kam ich natürlich sofort in den Verdacht, mit ihnen schon seit langer Zeit „gemeinsame Sache" gemacht zu haben. Und es war zum Teil ja auch richtig. Ich hatte immer vor einem Bündnis mit Ägypten gewarnt! Meine Landsleute verschleppten mich ausgerechnet nach Ägypten. Sie können sich unschwer vorstellen, was die mit mir gemacht haben! Oder? Das wollte ich aus meinem Leben berichten. Aber muss, wird Sie das interessieren?

Darum will ich noch von meiner „Botschaft" erzählen.

Wie eine „Speise" – also wie "täglich Brot" – nahm ich seit meiner Jugend die „Worte des Herrn" auf. Deshalb wurde ich ja auch kein Priester wie mein Vater, sondern ein Prophet.

Ich bekannte: (Jer. 15,16) „Dein Wort ist meines Herzens Freude und Trost"! Wissen Sie, wenn Gott in ein Menschenleben eingreift, wie es bei mir der Fall war, dann ist man zunächst überglücklich! Man ist selig! Ja, so war es bei mir! Aber wenn uns Gott keinen „Erfolg" schenkt, wenn in unserem Leben so vieles gar nicht mit unserer Vorstellung vom „lieben Gott" übereinstimmt; dann wendet sich die „Glückseligkeit" bald in Anfechtung und Zweifel. So war es jedenfalls auch bei mir.

Ich warnte vor einer falschen Sicherheit. Denn ich sah es ganz deutlich: Babel wird der Sieger sein. Doch niemand hörte auf mich! Uns ging es doch gut!

Ging es uns zu gut? Wer will denn, wenn es ihm gut geht, auf Gottes warnende Stimme hören? Wer? Aber auch ich zweifelte! Gott – wenn du mich schon zu deinem Boten bestimmst, dann musst du doch auch hinter mir, vor mir, bei mir stehen! Ja, ich haderte mit meinem Gott!

So sprach ich: „Du hast mich überredet, hast mich umgarnt, wie ein Mädchen von ihrem Geliebten umgarnt wird. Doch dann hast du mich sitzengelassen, wie oft Mädchen sitzen gelassen werden! Du versprichst viel und hältst am Ende, wenn es darauf ankommt, wenig! Was habe ich denn davon, dass ich dir – Gott – vertraue? Fünfmal habe ich dir und aller Welt mein Leid geklagt. Oder hast du meine „Konfessiones" gar nicht gehört?" – Ich weiß es nicht! – Doch noch während ich mich und meinen Auftrag beklage, halte ich inne. Ich rede die Wahrheit; aber rede ich nicht zugleich törichtes Zeug? Ich leide und hadere mit meinem Schicksal, aber wer versteht die Wege Gottes? Ich möchte endlich mein Recht! Ich möchte von Gott bestätigt bekommen, dass ich sein Prophet bin und nicht die „Schönredner", die den Herrschern nach dem Mund reden. Ich will... Ich will...

Doch ob Gott es auch will? Genügt mir sein Wort nicht mehr? Darum will ich jetzt so reden:

Dennoch will ich dich – meinen Gott – bei deinem Wort nehmen. Schon die Beter der Psalmen haben es getan: „Harre auf Gott, denn ich werde ihm noch danken, dass er meine Hilfe und mein Gott ist." (Ps. 42,12) Und mit meinen Worten sagte ich zu meinem Gott doch schon: „Ich bin ja nach deinem Namen genannt, Herr, Gott Zebaoth"." (Jer. 15,16)

Was will ich mehr? Nein, ich weiche nicht zurück! Denn ich habe erkannt: Lebenserfahrung und Gotteserfahrung müssen nicht immer gleich sein! Oft stehen sie sogar im Widerspruch zueinander! Im Leben ist vieles – nach unserem Urteil – „falsch gelaufen". Aber Gott bleibt auch als ein „verborgener" Gott uns in unserem Leben gnädig zugewandt. Deshalb sollen meine „Konfessiones" – meine „Klagelieder" – nicht das Letzte sein. Ich will vielmehr bekennen, dass du – Gott – größer bist, als unser Herz. Ich weiß jetzt, dass auch mein Leiden, meine Anfechtung und selbst mein Scheitern mich nicht von dir trennen können.

Ich habe viel von mir erzählt. Ob es für Sie wichtig war? Ob es Ihnen geholfen hat? Ich kann es nur hoffen. Nein, es ging nicht um meine Person! Aber Sie sollten erkennen, dass ich trotz meiner Zweifel und meiner Schwierigkeiten Gott danken will, dass er meines Herzens Freude und Trost immer geblieben ist."

Amen.

Predigt am 3. Sonntag in der Passionszeit - Okuli -

1. Könige 19, 1-15

Der Text:

„Und König Ahab sagte Isebel an alles, was Elia getan hatte, und wie er hatte alle Propheten Baals mit dem Schwert getötet. Da sandte Isebel einen Boten zu Elia und ließ ihm sagen: Die Götter tun mir dies und das, wenn ich nicht morgen um diese Zeit deiner Seele tue wie dieser Seelen einer. Da Elia das hörte, machte er sich auf um seines Lebens willen und kam nach Beerseba in Juda. Er ging in die Wüste, eine Tagesreise weit und setzte sich unter einen Holunder und sprach: Es ist genug! Nimm, Herr, meine Seele. Ich bin nicht besser, denn meine Väter. Und legte sich und schlief unter dem Wacholder. Und siehe, ein Engel rührte ihn an und sprach: Stehe auf und iß! Und Elia sah sich um und sah, da war ein geröstetes Brot und eine Kanne Wasser. Und da er gegessen und getrunken hatte, legte er sich wieder nieder und schlief. Und der Engel des Herrn kam abermals, rührte ihn an und sprach: Stehe auf und iß; denn du hast einen weiten Weg vor dir. Und Elia stand auf und aß und trank und ging durch die Kraft dieser Speise vierzig Tage und vierzig Nächte zum Horeb, dem Berg Gottes. Er kam in eine Höhle und blieb dort über Nacht. Und siehe, das Wort des Herrn kam zu ihm und sprach zu ihm: Was machst du hier, Elia? Er sprach: Ich habe geeifert für den Herrn, den Gott Zebaoth. Die Kinder Israels haben deinen Bund verlassen und deine Altäre zerbrochen und deine Propheten erwürgt. Ich bin allein übrig geblieben. Doch sie wollen mir mein Leben nehmen.

Er sprach: Gehe heraus und tritt auf den Berg vor den Herrn! Und siehe, der Herr ging vorüber und ein großer Sturm zerriss die Felsen. Der Herr war aber nicht im Sturm. Nach dem Sturm aber kam ein Erdbeben. Aber der Herr war nicht im Erdbeben. Und nach dem Erdbeben kam ein Feuer, aber der Herr war nicht im Feuer. Und nach dem Feuer kam ein stilles sanftes Rauschen. Da das Elia hörte, verbarg er sein Gesicht in seinem Mantel und ging aus der Höhle. Da hörte er eine Stimme: Was hast du hier zu tun, Elia?
Er sprach: Ich habe für den Herrn, den Gott Zebaoth, geeifert. Denn die Kinder Israels haben deinen Bund verlassen, deine Altäre zerbrochen und deine Propheten mit dem Schwert getötet. Ich bin allein übriggeblieben; doch sie wollen mir das Leben nehmen.
Der Herr sprach zu ihm: Gehe wieder den Weg durch die Wüste gen Damaskus und gehe hin und salbe Hasael zum König."

Liebe Gemeinde,

der Predigttext ist eine an Dramatik kaum zu überbietende Geschichte eines Menschen. Sein Name ist Elia. Übersetzt bedeutet sein Name: „Mein Gott ist Jahwe." Und Elia ist, wie es sein Name sagt: Ein Gotteskämpfer.
Ist heute über einen Glaubenshelden zu predigen? Der Held aber redet doch selbst von seiner Angst und Furcht, von seiner Einsamkeit und Todessehnsucht! Wie sollen wir das verstehen?
Man sagt, dass auch Steine reden können. Kirchen und Burgen zum Beispiel. Aber auch Ruinen und Denkmäler. Sie haben Geschichte erlebt und wollen Geschichten erzählen. Wenn also Steine reden können, warum nicht auch Berge? Deshalb möchte ich heute – ehe ich zuletzt den „Glaubenskämpfer" Elia zu Wort kommen lasse – zwei Berge zu uns reden lassen:
Der Karmel:
Ich bin kein hoher Berg, nur 560 Meter hoch. Aber mein Standort ist groß-

artig. Ich stehe zwischen zwei Ebenen. So bin ich ein markanter Berg! Meine geringe Höhe ist eher ein Vorteil. Wenn der Frühregen nicht ausbleibt, wachsen Bäume und Blumen bis zu meinem Gipfel. So bin ich ein „Heiligtum", ein heiliger Berg geworden. Die „Fruchtbarkeit der Erde" wird auf mir verehrt. Baal heißt dieser Gott.

Aber ich will zur Sache kommen. Denn was ich einmal erlebt habe, davon reden die Menschen noch heute.

Der Regen war ausgeblieben. Sowohl der Frühregen als auch der Spätregen. Und das nicht nur ein Jahr lang! Die Trockenheit war so grausam! Hunger herrschte im Land. Es war kein Leben in mir, dem Berg, der der „Fruchtbarkeit" geweiht war.

Da war eines Tages ein „Glaubenskrieg" auf meinem Gipfel im Gange. Vierhundertfünfzig Priester des Fruchtbarkeitsgottes Baal wollten den Regen herbei zwingen. Ein einziger Priester Jahwes nahm für seinen Gott den Kampf auf. Elia war sein Name. Doch die Baalspriester blieben erfolglos, so sehr sie auch ihren Baal bestürmten. Sie gaben auf.

Nun war Elia dran. Er spielte „Hasard". Alles oder nichts! Auf einem Altar von zwölf Steinen – waren diese zwölf Steine ein Zeichen für die zwölf Stämme Israels (?) – lag ein Stier. Elia ließ zwölf Eimer Wasser über den Stier gießen. Woher hatte er nur bei der langen Trockenheit dieses Wasser bekommen? Ich weiß es nicht! Doch, wie sollte jetzt ein Feuer entzündet werden?

Da blitzte es aus heiterem Himmel auf und der Feuerstrahl fiel genau auf diesen Altar. Es war ein Gottesurteil! Das war allen auf meinem Gipfel klar geworden. Kurze Zeit später, als der Stier verbrannt war, kam auch der lang ersehnte Regen und strömte auf das dürre Land.

Danach begann das Gemetzel. Elia – der Sieger – ließ alle Baalspriester umbringen. Er hatte ja den „Glaubenskrieg" für seinen Gott so beeindruckend gewonnen! Die Verlierer dieses „Krieges" sollten nie wieder das Volk zu Baals-Gläubigen verführen! Das geschah auf mir, dem Karmel.

Der Horeb:

Auch ich will meine Geschichte erzählen. Horeb nennen mich die einen; aber bekannter bin ich als Sinai, wie mich die meisten nennen. Ich stehe mit meinen 2600 Metern Höhe auf der Halbinsel, die ebenfalls Sinai genannt wird. Doch wo fange ich an, meine Geschichte zu erzählen?

Von Mose muss ich berichten, der auf meinem Gipfel die zehn Gebote von Gott empfing. Hier gelobte das Volk der Juden, keinen anderen Göttern zu vertrauen, als nur Jahwe allein! Das war aber lange her.

Viel später kam ein einzelner Mann zu mir. Er war sehr erschöpft. Elia hieß er. Seine Müdigkeit lag gewiss nicht nur am langen und beschwerlichen Weg bis auf meinen Gipfel. Ich sah einen Verzweifelten.

Er kam in die Höhle, die schon Mose betreten hatte. Was suchte er hier? Da krachte, blitzte und tobte es gewaltig. Ein Erdbeben war es. Das kommt oft vor. Doch zuletzt – Elia stand wie gebannt in der Höhle – wurde es ganz still. Das Naturschauspiel war vorbei. War es die „Ruhe nach dem Sturm"? Hatte darin Elia Gott erfahren? Ich weiß es nicht! Ich sah nur, wie er still von meinem Gipfel wieder abstieg.

Zuletzt soll Elia selbst zu Wort kommen:

Die beiden Berge haben ja schon alles gesagt. Der Karmel und der Horeb sind meine „Schicksalsberge" geworden! Auf dem einen habe ich für meinen Gott gekämpft. Leidenschaftlich! Buchstäblich bis auf´s Blut! Ich war der Sieger – und war doch zugleich auch der Verlierer! Wie soll ich diesen Widerspruch erklären? Vielleicht so:

„Gott, ich kämpfe für dich. Lass mich jetzt nicht im Stich"! So betete ich. „Gott, du weißt doch, dass ich es nicht ertragen kann, weil du es selbst nicht erträgst, dass dein Volk Israel dich und zugleich den Götzen Baal verehren will. Beweise deine unvergleichliche Macht und Herrlichkeit! Ich will sie allen vorführen. Dann müssen sie sich doch von den falschen Göttern abwenden! Dann bist du – Gott Jahwe – wieder einzig und allein unser Gott!" Gott hat mich nicht im Stich gelassen. Mein Opfer hat er angenommen. Ich hatte gesiegt. Gesiegt für meinen Gott!

Doch Isebel – sie war die Frau unseres Königs Ahab – die den Baal-Kult in unser Land gebracht hatte, schickte mir tags darauf eine tödliche Botschaft. Sie schwor blutige Rache. Den Tod ihrer Baalspriester wollte sie nicht ungesühnt hinnehmen.

Ich lief weg. Nein, um mein Leben lief ich nicht. Ich wollte sterben. Aber ich wollte Isebel den Triumph nicht gönnen, dass zuletzt doch ihr Baal Gott gesiegt hat!

Ich kam nach Beerscheba. Der Ort liegt tief im Süden unseres Landes. Ich war am Ende. Hinter Beerscheba beginnt die Wüste. Wüst war es auch in mir. Meine Verzweiflung war groß. Mein vermeintlicher Sieg; war er nicht doch das Ende des Jahwe-Glaubens? War alles umsonst gewesen?

Ich hatte genug! Ich hatte genug für meinen Gott gekämpft! Ich hatte genug vom Leben! Ich hatte alles satt, obwohl ich sehr hungrig und durstig war. Ja, ich wollte sterben.

Da wendete sich alles. Mit Brot und Wasser stand einer vor mir. War es ein Engel? Er forderte mich auf: „Iß und trink"! Nach den ersten Bissen schlief ich wieder ein; todmüde, wie ich war. Ich musste ein zweites Mal aufgefordert werden: „Iß und trink, ein weiter Weg liegt vor dir."

Mein Weg war doch eigentlich an´s Ende gekommen? Aber Gott hatte noch viel mit mir vor. Einen weiten Weg sollte ich gehen. Damit waren gewiss nicht nur die knapp 300 Kilometer bis zum Gottesberg Horeb/Sinai gemeint. Es war ein weiter Weg der Erkenntnis, ehe ich erkannte: Der Gottesglaube lebt nicht vom Karmel-Sieg, sondern aus der Kraft Gottes, die gerade in den Schwachen mächtig ist. Aber das war erst der Anfang auf dem Weg der Erkenntnis.

Oben auf dem Horeb/Sinai – ich stand in der Mosehöhle – krachte, blitzte und stürmte es gewaltig. Dagegen war der Blitz auf dem Karmel, der mein Opfer entzündet hatte, rein gar nichts! „Donnerte" Gott mit mir? Sollte mir damit seine Stärke gezeigt werden? Nein. Ich spürte, da ist Gott nicht. Zuletzt war es ganz still. War Gott in dieser Stille? Nein. Auch im ganz leisen Hauch war Gott nicht! Aber ich hörte ihn. Jetzt! Ich kam endlich an das Ziel des langen Weges der Erkenntnis.

Gott ist nicht im Kampf. Er ist auch nicht in den Naturgewalten. Er wäre ja dann ein Götze wie Baal, der „Fruchtbarkeitsgott"! Gott ist nicht in der Natur und nicht in der Stille! Er ist aber in seinem Wort zu finden!

„Gehe wieder zurück"! Das war alles, was ich vernahm.

„Gehe zurück!" Auch wenn Isebel noch so sehr tobt!

„Gehe zurück!" Auch wenn der Götze Baal noch viele Gläubige hat!

„Gehe zurück!" Auch wenn du scheinbar auf verlorenem Posten stehst!

„Gehe zurück!" Denn ich – dein Gott – bin nicht am Ende!

So wendete ich mich, um vom Gottesberg herab zu steigen. Ich ging zurück. In mir war auch eine „Wende" geschehen. Ich hatte genug. Ich hatte alles satt. Jetzt, am Ende meines Weges der Erkenntnis, wusste ich: Ich habe genug. Genug an seinem Wort!

Meine Müdigkeit, meine Angst und meine Zweifel waren weg. Ich hatte aber auch auf dem „Weg der Erkenntnis" erfahren: „Zweifle nicht an dem, der dir sagt, er habe Angst. Aber habe Angst vor dem, der dir sagt, er kenne keine Zweifel."

So wurde mein „am Ende sein" zu einem neuen Anfang. Gott hat mir damals einen langen und schweren Weg zugemutet. Aber ohne ihn hätte ich diese Erkenntnisse wohl auch nicht bekommen: Ich muss nicht für die Sache Gottes kämpfen! Er – Gott – wird für uns streiten! Und Gottes Wege führen weiter!

Vielleicht haben auch wir manchen „Berg" bestiegen? Haben wir gekämpft und doch verloren? Waren wir „ausgebrannt" und wussten nicht weiter? Dann wollte uns Elia sagen: Gott ist auch mit uns nicht am Ende. Dietrich Bonhoeffer hat es in einem seiner Briefe aus der Haft so gesagt

„In mir ist es finster , aber bei Dir ist das Licht.

Ich bin einsam, aber Du verlässt mich nicht.

Ich bin kleinmütig, aber bei Dir ist Hilfe.

Ich bin unruhig, aber bei Dir ist der Friede.

In mir ist Bitterkeit, aber bei Dir ist die Geduld.

Ich verstehe deine Wege nicht, aber Du weißt den Weg für mich".

Amen.

Predigt am Ostermontag

Lukas 24, 36 – 45

Der Text:

Während die Jünger Jesu noch darüber redeten, trat Jesus selbst in ihre Mitte und sagte zu ihnen: „Friede sei mit euch!" Sie erschraken und hatten große Angst; denn sie meinten einen Geist zu sehen. Da sagte er zu ihnen: „Warum seid ihr so bestürzt? Warum lasst ihr in eurem Herzen solche Zweifel aufkommen? Seht meine Hände und meine Füße an. Ich bin es selbst. Fasst mich doch an und begreift: Kein Geist hat Fleisch und Knochen, wie ihr es bei mir seht." Bei diesen Worten zeigte er ihnen seine Hände und Füße. Sie staunten, konnten es aber vor Freude immer noch nicht glauben. Da sagte er zu Ihnen: „Habt ihr etwas zu essen hier?" Sie gaben ihm ein Stück gebratenen Fisch. Er nahm es und aß es vor ihren Augen.
Dann sprach er zu ihnen: „Das sind die Worte, die ich zu euch gesagt habe, als ich noch bei euch war: Alles muss in Erfüllung gehen, was im Gesetz des Mose, bei den Propheten und in den Psalmen über mich gesagt ist." Darauf öffnete er ihnen die Augen für das Verständnis der Schrift.

Liebe Gemeinde,

der Predigttext ist die Fortsetzung des soeben gehörten Evangeliums dieses Tages. Der wunderbaren Geschichte von den beiden Jüngern Jesu, die nach Emmaus unterwegs waren. Sie hatten alle Hoffnung verloren. Ihr „Heiland" war tot! Ihm waren sie gefolgt. Vergeblich!
Da „öffnet" der auferstandene Christus – den sie nicht erkennen – ihnen auf

dem Weg nach Emmaus „die Schrift". Als sie am Ziel ihres Weges, in Emmaus angekommen waren, erfüllt er ihre Bitte: „Bleibe bei uns!" Dann bricht er ihnen das Brot und sie erkannten ihn. Sie brechen trotz der späten Stunde wieder nach Jerusalem auf, um den anderen Jüngern zu bezeugen: „Vivit". Er lebt! Ihre Trauer hatte sich in Freude verwandelt.

Doch der Evangelist Lukas lässt seinen Bericht über die Auferstehung Jesu nicht mit dieser Geschichte der beiden Jünger auf dem Weg nach Emmaus enden. Er fügt noch – gleichsam als „Schlusspunkt" – diesen Text hinzu. Ich gestehe: Viel lieber hätte ich heute über die „Emmausgeschichte", als über den „Nachtrag" gepredigt. Darum möchte ich mit dem Evangelisten Lukas, dem Arzt aus Griechenland und Schüler des Paulus, ein „Gespräch" führen. Mein „Gespräch" mit ihm verläuft so:

Lieber Dr. Lukas,

Du schreibst Deinem griechischen Landsmann Theophilus – dem „Gottesfreund", wie sein Name übersetzt lautet – ein „Evangelium", eine gute Nachricht. Genauso wenig wie Dein Freund Theophilus, habe auch ich Jesus nicht selbst erlebt. Bei Dir und Deinem Freund waren nur etwa fünfzig Jahre vergangen, als Jesus lebte, litt und auferstand. Bei mir sind es fast 2000 Jahre! Aber ob 50 oder 2000 Jahre, darin gleichen wir uns doch: Wir haben Jesus nicht selbst erlebt! Wir sind auf Zeugen angewiesen.

Du bist natürlich viel näher an den Zeugen gewesen als ich! Die „Emmausjünger" hast Du vielleicht sogar persönlich gekannt? Möglich wäre es schon! Und wenn Dein Freund und Lehrer Paulus im ersten Brief an die Gemeinde in Korinth im 15. Kapitel schreibt: „Etliche leben noch, denen der auferstandene Christus begegnet ist", dann hast vielleicht auch Du einige davon kennen gelernt?

Lieber Dr. Lukas,

ich möchte Deinem Zeugnis gern glauben. Doch bitte verzeihe mir, dass ich den „Nachtrag" zur Emmausgeschichte nicht verstehe! Da ist zuerst Dein

Versuch, so massiv, so drastisch die Leiblichkeit des Auferstandenen zu betonen. Du lässt Jesus sagen: „Fasst mich doch an! Kein Geist hat Fleisch und Knochen! Habt ihr was zu essen?" Und zum zweiten bist Du ganz anders, als sonst in Deinem Evangelium. Du bist hier so „oberlehrerhaft"!

Lieber Lukas, Du kannst wunderbar erzählen! Von der Liebe Gottes zu den „Verlorenen" zum Beispiel. Die Geschichte vom „verlorenen Sohn" im 15. Kapitel Deines Evangeliums ist großartig! Doch jetzt kommt Deine „Belehrung":

„Das sind die Worte, die ich zu euch gesagt habe. Alles muss in Erfüllung gehen, was im Gesetz des Mose und bei den Propheten und in den Psalmen über mich, Jesus, gesagt wurde. So steht es in der Schrift!"

Du willst Dich mit dem Zweifel auseinander setzen. Sehe ich das richtig? Von „Zweiflern" heute, könnte ich Dir viel erzählen. Da sind die Menschen nicht anders, als zu Deiner Zeit. Auch meine „Zeitgenossen" wollen nicht glauben. Sie wollen „Beweise". Handfeste Beweise!

Erst neulich, als ich in einer Abiturklasse im Religionsunterricht mit den Schülern über das Thema „Auferstehung" zu reden hatte, sagte doch ein Schüler zu mir: „Den Mist glaube ich sowieso nicht!" Ich war verlegen. Wie Du es bei Deinen „Zweiflern" vermutlich auch gewesen bist?

Ich „rettete" mich im Unterricht – so glaubte ich wenigstens – dass ich dem „Zweifler" antwortete: „Sie sollen es nicht glauben. Sie sollen das Thema erst einmal kennen lernen."

Ich weiß, dass zu Deiner Zeit – lieber Lukas – viele sagten: „Gottes Sohn kann niemals wirklicher Mensch gewesen sein! Jesus war über alles Leiden erhaben." Man nannte später diese Ansicht: die Gnosis.

Verstehe ich Dich richtig? Du willst mit den Worten „Fleisch und Knochen" und mit der Bitte des Auferstandenen: „Habt ihr nichts zu essen?", die Auferstehung Jesu zwar nicht beweisen, aber den Zweiflern sagen: Der Auferstandene ist der irdische Jesus! Jesus ist wahrer Mensch gewesen! Er kam in unsere Niedrigkeit. – Doch Gott hat ihn erhöht. Will uns das Dein lehrhafter Osterbericht sagen? Jesus ist nicht nur in das Kerygma, das heißt, in die Verkündigung der Gemeinde, auferstanden! Der Auferstandene ist der „irdische" Jesus! Seit Ostern steht fest: ER ist der „Erhöhte"! ER ist der von Gott „geliebte Sohn"! ER ist der „Herr"! ER ist wahrhaftig auferstanden! Wolltest Du uns das bezeugen?

Bleibt zuletzt Dein belehrender Ton, Dein belehrendes Verständnis des Alten Testaments. Dir war ja das Alte Testament gar nicht vertraut. Deinem Freund Theophilus auch nicht. Du hast es erst durch Paulus kennen gelernt. Oder? – Du hast aber – wie Paulus – durchkreuzt, dass wir selbst zu Gott finden könnten. Das möchten Menschen immer wieder. Wenigstens die „Gottsucher" unter uns!

Lieber Dr. Lukas, die Vokabel ICH wird bei uns ganz groß geschrieben. ICH verwirkliche mich selbst. ICH bestimme über mein Leben. ICH will „Hammer" und nicht „Amboss" sein. War das zu Deiner Zeit auch so?

Du sagst uns: ER „öffnete" die Schrift. ER kam in ihre Mitte. ER blieb bei ihnen. ER sagte zu den Jüngern: „Friede sei mit euch. Habt keine Angst." Damit sagst Du: Nicht wir kommen zum „Osterglauben", sondern der Auferstandene selbst will uns zu solchem Glauben bringen. Doch wer zum Glauben gekommen ist, der soll auch ein Zeuge für den Auferstandenen sein. Denn gerade die „Zweifler", die durch Jesus die Zweifel überwunden haben, braucht Jesus als seine „Zeugen"!

Lieber Dr. Lukas,

auch wenn Deine massive Begründung der „Leiblichkeit" des Auferstandenen und Deine „lehrhafte" Deutung des Alten Testament mich zunächst verunsicherten, möchte ich Dir auch für diesen „Nachtrag" danken. Nein, Du wolltest Theophilus und auch mich in keine „Sackgasse" führen. Vielmehr wolltest Du uns helfen, den „gekreuzigten Auferstandenen" noch besser als unseren Heiland und Bruder zu verstehen.

Da muss ich Dir zuletzt noch eine Geschichte erzählen:

Dem Bischof Martin – er ist viel später der „Namenspatron" für unseren Reformator Martin Luther geworden – dem Bischof Martin also soll einmal der Satan in der Gestalt des Heilandes erschienen sein. Aber als majestätischer König, im prunkvollen Gewand und mit dem Versprechen: „Martin, ich will Dich zu einem großen König machen!"

Doch der Bischof soll gefragt haben: „Wo hast du deine Wunden?" „Oh" – sagte der Satan – „ich komme doch nicht als Verwundeter! Ich komme nicht vom Kreuz! Ich komme vom Himmel!"

Da antwortete Martin: „Gehe mir aus den Augen! Du bist der Teufel! Denn meinen Heiland, den vermag ich nicht zu sehen, ohne seine Wunden. Die machen mich vor Gott gerecht. Und auf die allein will ich im Leben und im Sterben vertrauen!"

Amen.

Predigt am Sonntag Kantate

Matthäus 21,14-22

Der Text:

Im Vorhof des Tempels kamen Lahme und Blinde zu Jesus, und er heilte sie. Als nun die Hohenpriester und Schriftgelehrten die Wunder sahen, die er tat und die Kinder im Tempel rufen hörte: „Hosianna dem Sohn Davids"; da wurden sie ärgerlich und sagten zu ihm: „Hörst du nicht, was diese Kinder rufen?" Jesus antwortete ihnen: „Ja, ich höre es. Habt ihr nicht gelesen: Aus dem Mund der Kinder und Säuglinge schaffst du dir Lob." (Psalm 8,3) Und er ließ sie stehen und ging hinaus aus der Stadt nach Bethanien; dort übernachtete er.
Als er am Morgen in die Stadt zurückkehrte, hatte er Hunger. Da sah er am Weg einen Feigenbaum und ging auf ihn zu, fand aber nur Blätter daran. Da sagte er zu ihm: „In Ewigkeit soll keine Frucht mehr an dir wachsen" Und der Feigenbaum verdorrte auf der Stelle. Als die Jünger das sahen, fragten sie erstaunt: „Wie konnte der Feigenbaum so plötzlich verdorren?" Jesus antwortete ihnen: „Amen, das sage ich euch: Wenn ihr Glauben habt und nicht zweifelt; dann werdet ihr nicht nur das vollbringen, was ich mit dem Feigenbaum getan habe; selbst wenn ihr zu dem Berg sagt: Hebe dich empor und stürze dich ins Meer, wird es geschehen. Und alles, was ihr im Gebet erbittet, werdet ihr erhalten, wenn ihr glaubt."

Liebe Gemeinde,

dieser Predigttext macht es mir nicht leicht. Die Heilung von Blinden und Lahmen durch Jesus im Tempel von Jerusalem, die der Vertreibung der Geldwechsler und Tierhändler aus dem Vorhof des Tempels vorausging und die in den Hosiannarufen der Kinder mündet, ist allein schon der Erklärung nötig. Doch damit nicht genug: Matthäus beendet seinen Bericht mit der Geschichte vom verfluchten Feigenbaum und dem fast sprichwörtlich gewordenen Satz, dass der rechte Glaube Berge versetzen kann. Zwar sind die letzten Verse des Predigttextes in Klammern gesetzt; das heißt, der Prediger kann die Worte vom verfluchten Feigenbaum in der Predigt auch weglassen. Aber weil die selten erklärte Geschichte vom unfruchtbaren Feigenbaum kaum bekannt ist, will ich doch über alle drei „Beispielgeschichten" predigen, indem ich mit Matthäus, dem Evangelisten, ein „Gespräch" führe. Ich sage also nicht nur: Liebe Gemeinde, sondern auch:
Lieber Matthäus,
Du hast mir im 21. Kapitel Deines Evangeliums eine „rechte Nuss zu knacken" gegeben. Denn was verbindet den verdorrten Feigenbaum mit dem Kindergeschrei im Tempel? Und warum „protestieren" in Deinem Bericht die „Frommen", weniger gegen die Vertreibung der Handelsleute aus dem Tempel, als vielmehr gegen das doch so anrührende Kinderlob? Willst Du damit sagen, dass Jesus gegen alle Ordnung ist?
Gegen einen geordneten Dienst im Tempel, der das heidnische Geld – zurecht – nicht duldete! Gegen das Kindergeplärr? Auch Kinder müssen doch bei heiligen Handlungen still sein! Sie wissen doch gar nicht, was sie tun. Sie sollen erst einmal erwachsen werden! Und zuletzt gegen die Schöpfungsordnung Gottes in der Natur? Denn der Feigenbaum, den Jesus verfluchte, konnte doch zur Zeit des Passahfestes, also im Frühling, noch gar keine Früchte tragen! Ist Jesus für Unordnung? Will er mit Früchten zur Un-

zeit die Welt auf den Kopf stellen? Wolltest Du – lieber Matthäus – uns das sagen? Das kann doch nicht Deine Absicht gewesen sein!

Die Hohenpriester und Schriftgelehrten, die ja in Deinem Evangelium als „Gegner Jesu" schon oft von Dir bloßgestellt wurden, entrüsten sich über das Kindergeschrei. Aber ich kann nur vermuten, dass auch Deine Jünger sich darüber entrüstet haben, als Du mitten im Frühling Früchte von einem Feigenbaum erwartet hattest? Du hast aber doch nicht diese Berichte aufgeschrieben, damit wir uns über Jesus ärgern! Sollen wir nicht vielmehr über Jesus staunen? Lege ich Deinem Wort stehenlassen zu großes Gewicht bei? Du sagst (Vers 17): Er – Jesus – ließ die Hohenpriester, die sich über das Kindergeschrei entrüsteten, einfach stehen! Und am Ende bleibt der verdorrte Feigenbaum zurück, der auch nicht mehr lange dort stehen wird! „Haue ihn ab, was hindert er das Land". (Luk. 13,7) Dieser Satz, aus dem Munde Jesu, gilt doch auch für diesen Baum!

Ich staune und ahne, dass Du uns an „Beispielen" des falschen und des richtigen Glaubens den rechten Weg zeigen möchtest. Jesus „reformiert" ja nicht nur bedauerliche Zustände im Jerusalemer Tempel, wenn er die Geldwechsler und Tierhändler aus dem Tempelvorhof hinausjagt! Gott ist nicht „käuflich"! Gottes Tempel wird nicht durch fremdes Geld, wohl aber durch „entfremdete" Herzen entweiht! Und das Gesetz Moses schreibt vor, wer zu Gott kommen darf. Nach diesem Gesetz hatten Kinder keinen Zutritt. Sie waren ja nur Störenfriede und unvernünftig zudem! Und „Krüppel", das waren alle Behinderten: Blinde, Lahme und Taube, durften auch nur den Vorhof des Tempels betreten, um Almosen zu betteln. Im Tempel selbst hatten sie keinen Platz!

Nun beschreibst Du – lieber Matthäus – die „Lücke" – in die alle strömen, denen der Tempel verwehrt blieb. Die Blinden und Lahmen und Kinder! Hast Du Dich an die Worte des großen Königs David erinnert?

Als er Jerusalem erobert hatte und sie zu „seiner" Stadt machte, soll er gesagt haben: „Wer die Jebusiter schlägt und durch die Wasserschächte hinaufsteigt und die Lahmen und Blinden erschlägt, die David verhasst sind, der soll Hauptmann und Oberster sein." (2.Sam.5,8) - Der große „König" David konnte keine Lahmen und Blinden gebrauchen! Aber der „Sohn" Davids – Jesus Christus – will auch den Armen, den Lahmen und Blinden die frohe Botschaft ansagen, dass Gott sie liebt. Wer sollte darüber nicht ins Staunen kommen?

Wer nicht „würdig" ist – Behinderte und Kinder – bekommt eine neue Würde. Wer nicht „mündig" ist, dessen Mund ist zum Lob bereit. Die einen lassen sich helfen; sie werden heil. Und die anderen helfen, Jesus als den Heiland zu bezeugen.

Freilich, es ist eine erstaunliche „Jubelgarde", die sich im Tempelvorhof um Jesus schart. Mit Blinden und Lahmen war schon zu Königs Davids Zeiten keine Stadt zu erobern! Wie viel mehr der Erdkreis? Und Kinder hatten doch nichts zu sagen! Deshalb staune ich darüber, was die „Gegner" Jesu – die Hohenpriester und Schriftgelehrten – über das „Kindergeschrei" sagen: „Hörst du nicht, was diese singen?" Das kindliche „Hosianna" ist doch ein Bitt- und ein Jubelruf zugleich! Dieses „Kindergeplärr" ist den einen ein Stein des Anstoßes, für Jesus aber eine Macht! Du sagst später in Deinem Evangelium, dass „Steine reden" werden, wenn wir Menschen das Gotteslob verweigern. Jesus bekennt sich zu den schreienden Kindern. Sie spielen seinen Einzug in Jerusalem nach. Sie ahmen nach, sie plappern nach, was die Erwachsenen ihnen soeben beim Einzug Jesu in die Stadt Jerusalem vorgemacht haben. Wie eben Kinder sind! Und Jesus nimmt ihr Lob an an. Er nimmt ihr „Spiel", ihr „Geplärr", ernst und macht die Kinder zugleich zum Beispiel für uns (kritische) Erwachsene. Selbst König David, der die „Behinderten" nicht gebrauchen konnte, sagt im Psalm 8: „Aus dem Mund der jungen Kinder und Säuglinge hast du dir eine Macht bereitet, um deiner Feinde willen."

Und wie die Schriftgelehrten und Pharisäer „stehen" gelassen werden, so zeigt auch die Geschichte vom verdorrten Feigenbaum, wie es um unsere Kirche bestellt ist, wenn wir stehen bleiben, wo doch Gott mit seinem Volk, mit seiner Kirche, mit uns weiterziehen will! Kaiser Mark Aurel (121 – 180 n. Chr.) – der „Philosoph" auf dem römischen Kaiserthron – hat in seinen „Selbstbetrachtungen" natürlich recht, wenn er dort sagt: „Im Winter Feigen zu suchen, ist Torheit". Doch ich vermute, dass Du – lieber Matthäus – uns nicht nur vom Feigenbaum, sondern vom Glauben erzählen willst – oder?

Natürlich ist es töricht, von einem Feigenbaum zur Unzeit Früchte zu verlangen! Natürlich ist es töricht, dem „Kindergeschrei" größere Bedeutung zuzumessen! Natürlich ist es töricht, einen Berg aufzufordern, sich in's Meer zu stürzen!

Doch auch wenn es „nur" sprichwörtliche Übertreibungen sind, willst Du – lieber Matthäus – uns nicht auch sagen, dass der Glaube Unmögliches erwarten darf?

Früchte im Winter – verrückbare Berge – Heilung für Heillose – Gott bei den Menschen!

Wenn ihr Glauben habt, sagt Jesus. Doch was ist Glauben? Geht es uns wie dieser alten Frau, die gehört hatte, dass man mit starkem Glauben Berge versetzen könnte. Nun stand vor ihrem Häuschen ein Berg, der ihr viel Mühe machte. „Ich könnte es ja einmal probieren! Heute bete ich ganz ernstlich darum, dass Gott diesen Berg versetzen möge. Dann will ich sehen, ob er mein Gebet erhört."

Doch am nächsten Morgen, als sie das Fenster öffnete; was sah sie? Der Berg stand immer noch am alten Fleck! Enttäuscht schloss sie das Fenster. „Ich habe es ja gleich gewusst, dass es nicht klappt!"

Unser Glaube rechnet! Unser Glaube zweifelt! Wann staunt unser Glaube? Der Glaube rechnet nicht mit dem Möglichen, sondern mit dem Unmöglichen!

Früchte im Winter – verrückbare Berge – Heilung für Heillose – Gott bei den

Menschen!

Lieber Matthäus, Du willst uns doch sagen, es geht nicht um eine Glaubensleistung, sondern um eine Tollheit, die immer wieder Unmögliches von Gott erwartet.

„Wenn du großen Glauben hättest" – das sagt Jesus nicht! Denn von der „Stärke" oder „Größe" unseres Glaubens ist das Wunder, das Unmögliche, nicht abhängig. Richtig ist aber: Wenn wir ganz und gar v e r t r a u e n, dann dürfen wir, dann können wir, a l l e s von Gott erwarten.

Das sollen wir von den jubelnden Kindern lernen! Sie haben noch wenig vom Leben erfahren. Sie sind auf die Liebe ihrer Eltern angewiesen. Sie sind „unmündig"! Und doch sind sie für Jesus „eine Macht"! Weil Gott sie liebt!

Zuletzt lieber Matthäus, heute ist der Sonntag „Kantate". Der „Singesonntag"! Das konntest Du natürlich nicht wissen, dass viel, viel später Dein Bericht von den „jubelnden Kindern" zu einem Predigttext für den Gottesdienst am Sonntag „Kantate" wurde. Doch wer solchen „Berge versetzenden" Glauben hat, und wer ein solches kindliches und einfältiges Vertrauen zu Gott hat, der jubelt, selbst wenn er unmusikalisch wäre oder gar nicht glücklich ist!

So wollen wir Jesus bitten, dass er uns dieses Vertrauen, diesen Glauben, schenken möge, der auch uns in das Loblied dieser Kinder einstimmen lässt.

Amen.

Predigt am Sonntag Kantate

Offenbarung 15, 2 – 4

Der Text:

Und ich sah, es war wie ein gläsernes Meer, mit Feuer gemengt; und die den Sieg behalten hatten über das Tier und sein Bild und über die Zahl seines Namens, die standen am gläsernen Meer und hatten Gottes Harfen in den Händen und sangen das Lied des Mose, des Knechtes Gottes, und das Lied des Lammes und sprachen: „Groß und wundersam sind deine Werke, Herr, allmächtiger Gott! Gerecht und wahrhaftig sind deine Wege, du König der Völker. Wer soll dich nicht fürchten, Herr, und deinen Namen preisen? Denn du allein bist heilig! Ja, alle Völker werden kommen und anbeten vor dir; denn deine gerechten Gerichte sind offenbar geworden."

Liebe Gemeinde,

das letzte Buch des Neuen Testaments trägt den Titel: Offenbarung des Johannes.
Aber statt einer Offenbarung, ist es eher das rätselhafteste Buch der Bibel. Die zum Sprichwort für ungelöste Dinge gewordenen „sieben Siegel" werden in der Offenbarung erstmals erwähnt. Und diese „Siegel" versperren noch immer den Zugang zum Verständnis der Apokalypse, wie die Offenbarung des Johannes auch bezeichnet wird. Ich versuche deshalb in dieser Predigt, ein „Gespräch" mit Johannes zu führen. Er ist auf eine winzige Insel im Mittelmeer – auf die Insel Patmos – am Ende des ersten Jahrhunderts nach Christi Geburt verbannt worden. Kaiser Domitian wütete gegen die Christen. Die da-

maligen Machthaber trennten Johannes von seinen Gemeinden. Nun schreibt er ihnen die Visionen, die Gott ihm im Exil schauen ließ. Er will sie trösten und im Glauben ermutigen.

Lieber Johannes,

Deine Offenbarungen sind schwer zu verstehen. Die Bilder, die Zahlen, die Visionen geben uns mehr Fragen auf, als sie Antwort zu geben vermögen. Ich kann nur vermuten, dass Deine Tröstungen damals besser verstanden wurden, als es uns nach so vielen Jahren heute möglich ist?

Was wolltest Du mit dem „gläsernen Meer", das „mit Feuer gemischt" ist, sagen? Mit dem „Tier" wirst Du den Kaiser gemeint haben – oder? Du erinnerst an das „Lied des Mose" (2. Mose 15, 1-19). Es sei zum „Lied des Lammes" geworden. Warum?

Verstehen kann ich zunächst nur, was die Menschen am „gläsernen Meer" gesungen haben: „Groß und wunderbar sind deine Werke, Herr, allmächtiger Gott! Gerecht und wahrhaftig sind deine Wege... Wer soll dich nicht fürchten? Denn du allein bist heilig!"

Lieber Johannes, wenn Du heute unser Gesangbuch in die Hand nehmen könntest, Du würdest Dich bestimmt über die vielen Lieder freuen, die auch wir zur Ehre Gottes und zu seinem Lob singen! In jedem Gottesdienst, nicht nur heute, am Sonntag Kantate, dem „Singe-Sonntag", loben wir Gott mit unseren Liedern.

Aber verzeihe mir. Ich muss meine Fragen an Dich los werden. Vom „gläsernen Meer" redest Du schon im 4. Kapitel Deines Trostbuches. Dort berichtest Du von einer großartigen Vision. Du schaust in den Thronsaal Gottes. Vierundzwanzig Älteste in weißen Kleidern und mit goldenen Kronen – beides sind Zeichen der Erlösten – sitzen um den Thron. Es gehen Blitze, Donner und Stimmen von diesem Thron aus. Sieben Fackeln brennen. Da siehst Du das gläserne Meer. Du hast die „offene Tür" erwähnt. Für Dich ist der Himmel offen! Ich kann es nicht anders ausdrücken:

Im Himmel ist Glasnost!

„Glasnost" ist ein russisches Wort. Du wirst mit diesem Wort nichts anfangen können! Da geht es Dir vermutlich ähnlich, wie uns mit Deinen Rätselworten! Aber ich kann Dir das Wort „Glasnost" erklären. Es bedeutet: Offenheit und Klarheit. Ein sowjetischer Machthaber – Michael Gorbatschow ist sein Name – hat dieses Wort unserer Welt bekannt gemacht. Jeder versteht es heute. In eine diktatorische, in eine willkürliche Herrschaft wollte er Offenheit und Klarheit bringen. Diese „Offenheit und Klarheit" hat unsere Welt total verändert!

Im Himmel ist Glasnost. Ja, auch der Himmel Gottes ist offen! Verstehe ich Dich richtig? Und ein offener Himmel verändert auch heute alles hier auf der Erde.

Das „Meer" – zu Deiner Zeit bedeutete dieses Wort auch: Bedrohung und Gefahr – das „Meer" siehst Du wie aus Glas. Es ist klar, durchsichtig und nicht mehr bedrohlich. Es ist mit Feuer vermengt. Doch Feuer und Wasser vertragen sich doch nicht! Was soll das bedeuten?

Ist es die aufgehende Sonne, die das „Meer" so klar und leuchtend macht? Das „Meer" – genauer: das Schilfmeer – war auch eine Bedrohung für die Israeliten, die gerade aus der Sklaverei in Ägypten aufgebrochen waren. Es versperrte ihnen den Weg in die Freiheit! Die Ägypter verfolgten sie mit ihrer Streitmacht. Da teilte sich das Wasser. Unter Moses Führung gingen die Israeliten trockenen Fußes durch das Meer! Die Bedrohung war überstanden. Die Gefahr war vorbei. Die Streitmacht der Ägypter ging dagegen in den zurück flutenden Wellen des Schilfmeeres unter.

Damals sangen sie das „Lied des Mose": „Der Herr ist meine Stärke und mein Lobgesang und mein Heil"! So sangen sie. Immer wieder hat das alte Gottesvolk dieses Wunder den Kindern und Enkelkindern weiter erzählt!

Und das „Lamm"? Wir wissen, dass Du damit Jesus Christus – „das Lamm, das die Sünde der Welt trägt" – gemeint hast. Wir bekennen: Das „Lamm" hat

gesiegt. Jesu Tod am Kreuz war nicht das Ende. Im Gegenteil! In der Johannes-Passion von Johann Sebastian Bach, einem berühmten Kantor des 18. Jahrhunderts nach Christus, singt die Altistin: „Der Held aus Juda siegt mit Macht und schließt den Kampf: Es ist vollbracht."
Wie damals der Weg für die Israeliten frei wurde, als das Meer sich teilte, so hat auch das „Lamm" den Weg zu Gott frei gemacht. Der Himmel ist offen! – Im Himmel ist Glasnost.
Wenn ich Dich richtig verstanden habe, wolltest Du diesen Trost denen zusprechen, die noch immer unter der Gewaltherrschaft des römischen Kaisers Domitian litten. Deine Botschaft musstest Du „verschlüsseln"; weil Tyrannen es bis heute nicht ertragen, wenn ihre Macht nicht mehr gefürchtet, sondern in Frage gestellt wird! Du wolltest sagen: Gott siegt auf ganz andere Weise, als es Domitian und viele Gewaltherrscher nach ihm versuchten. Wir sind schon „am anderen Ufer". Wir sind hindurch! Ist das Deine Botschaft?
Natürlich waren Deine Mitchristen noch „mitten im Kampf". Doch sie sollten wissen: Wie das „Lamm" gesiegt hat, so siegen alle, die zu diesem „Lamm" gehören! Was jetzt noch Angst macht, Zweifel auslöst und sinnlos erscheint, das alles wird „glasklar" werden und in einem neuen Licht leuchten!
Warum singen sie? Das möchte ich Dich zuletzt fragen. Doch ich vermute, dass Du mich fragen wirst, statt mir eine Antwort auf meine Frage zu geben! Und Deine Fragen werden zugleich Deine Antwort sein.
Warum sangen die Israeliten das „Schilfmeerlied"? Warum sang David vor Saul? (1. Samuel 18, 10) Warum sangen die drei Männer im Feuerofen? (Daniel 3) Warum sang Maria ihr Magnifikat und Zacharias sein Benedictus? (Lukas 1) Warum sangen die Negersklaven im Land der Unterdrückung ihre Spirituals? Warum singen wir in unseren Gottesdiensten?
Weißt Du – lieber Johannes – ein großer Lehrer der frühen Christenheit, Aurelius Augustin, hat um das Jahr 410 nach Christi Geburt gesagt: „Wer singt, betet doppelt." Er hat es richtig erkannt! Heute – am „Singesonntag"–

gedenken wir dankbar der vielen Kirchenchöre, die es bei uns gibt. Die Zahl der Sänger ist nicht wichtig. Entscheidend ist, dass Einzelne, dass kleine oder große, unbekannte oder berühmte Chöre zur Ehre Gottes singen! Die drei Männer im Feuerofen sangen in größter Todesgefahr! Die Negersklaven sangen von ihrer Befreiung, obwohl sie noch Knechte waren. Auf einem Dorffriedhof singt ein kleiner Frauenchor während eines Begräbnisses Osterlieder. Und alle, die gekommen sind, um dem Verstorbenen das letzte Geleit zu geben, hören vom Sieg Gottes über den Tod.

Gott sollen wir loben, selbst wenn die Bedrängnisse, die Zweifel und die Not noch groß sind. Das wolltest Du Deinen Gemeinden sagen, wenn ich Dich richtig verstanden habe.

Wir wollen Gott bitten, dass auch unsere Lippen seinen Ruhm allezeit verkündigen.

Amen.

Predigt am 01. Sonntag nach Trinitatis

Matthäus 9, 35 – 38 u. 10,1

Der Text:

Und Jesus ging umher in alle Städte und Dörfer, lehrte in ihren Synagogen und predigte das Evangelium vom Reich und heilte alle Krankheit und alle Gebrechen.
Und da er das Volk sah, jammerte ihn desselben; denn sie waren verschmachtet und zerstreut, wie Schafe, die keinen Hirten haben.
Da sprach er zu seinen Jüngern: „Die Ernte ist groß, aber wenige sind der Arbeiter. Darum bittet den Herrn der Ernte, dass er Arbeiter in seine Ernte sende."
Und er rief seine zwölf Jünger zu sich und gab ihnen Vollmacht über die unsauberen Geister, dass sie die austrieben und heilten alle Krankheit und alle Gebrechen.

Liebe Gemeinde,

was mag den Evangelisten Matthäus bewogen haben, in seinem Bericht, über den heute zu predigen ist, in nur drei Sätzen zu bündeln, was Jesus getan hat?
Wenn wir „zusammenfassend" etwas sagen, dann ziehen wir einen Schlussstrich unter das Gesagte! Doch bei Matthäus ist die Zusammenfassung dessen, was er über Jesus berichtet, ein Auftakt! Oder wie soll sonst der dritte Satz verstanden werden: „Bittet den Herrn der Ernte, dass er Arbeiter in seine Ernte aussende"?

Da geht es Matthäus gar nicht mehr um Jesu Wirken, sondern um unser Tun! Ich möchte deshalb eine etwas andere Predigt halten und mit Matthäus ein „Gespräch" führen.

Lieber Matthäus – würde ich sagen –

Du hast Dein Evangelium geschrieben, als Jerusalem im Jahr 70 nach Christus von den römischen Söldnern unter Führung des späteren Kaisers Titus zerstört worden war. Der Tempel war ein Trümmerhaufen. Den Juden wurde unter Androhung der Todesstrafe verboten, die „Stadt des Friedens" (wie Jerusalem übersetzt heißt) zu betreten.

Du schreibst an Juden-Christen, also an Christen, die zum jüdischen Volk gehörten. Sie werden wohl mit „zerstreut" worden sein, wie alle ihre Landsleute? Ja, sie waren wie die Schafe, die keinen Hirten haben! Aber als Seelsorger willst Du ihnen in dieser schweren Zeit Jesus Christus als Helfer, als Heiland und als wahren Gottessohn bezeugen. Sehe ich das richtig? Du stellst die „Ahnentafel Jesu" an den Anfang Deines Evangeliums. Er – Jesus – ist Davids Sohn, ist Gottes Sohn!

Du schreibst unmittelbar vor unserem Predigttext von den Heilungswundern, die Du mit Jesus erlebt hast! Sogar über die Auferweckung der Tochter eines Synagogenvorstehers berichtest Du nur wenige Verse vor Deiner Zusammenfassung der Taten Jesu! Was war dabei Deine Absicht?

Du schreibst im ersten Satz: „Jesus zog durch alle Städte und Dörfer, lehrte in den Synagogen, verkündigte das Evangelium vom Reich Gottes und heilte alle Krankheiten und Gebrechen."

Verstehe ich Dich richtig? Wir sollen gehen lernen! Natürlich sind wir aus dem „Krabbelalter" längst heraus! Wir sind – Gott sei Dank – noch gut zu Fuß! Du willst aber sagen: Bleibt nicht sitzen auf den Kirchenbänken! Bleibt nicht sitzen auf euren Synoden und wie immer die „Sitzungen" alle bei euch heißen! Ihr sitzt zu viel, und ihr geht zu wenig! Jesus zog durch alle Städte und Dörfer! Dein Evangelium beendest Du mit den Worten Jesu: „Gehet hin in alle Welt und macht zu Jüngern alle Völker; taufet sie auf den Namen des Vaters und des Sohnes und des Heiligen Geistes und lehret sie halten alles, was ich euch befohlen habe. Und siehe, ich bin bei euch alle Tage, bis an der Welt Ende." –

Im zweiten zusammenfassenden Satz des Wirkens Jesu sagst Du: „Als er die vielen Menschen sah, hatte er Mitleid mit ihnen; denn sie waren müde und erschöpft, wie Schafe, die keinen Hirten haben." Was wolltest Du mit diesem Satz uns – den Lesern Deines Evangeliums – sagen?

Wir sollen sehen lernen! Sehe ich das richtig?

Natürlich haben wir – Gott sei Dank – gesunde Augen. Wir sehen so vieles! Was Du Dir nicht vorstellen kannst; ist wirklich wahr! Wir sehen fern bis in die Nacht hinein. Auf Kästen, so groß, wie zu Deiner Zeit eine Kiste war, können wir Bilder aus der ganzen Welt sehen! Du musst mir das glauben, auch wenn es unglaublich klingt und unmöglich in Deiner Vorstellungskraft sein wird!

Wir sehen sehr viel, viel zu viel! Sehen wir aber auch das Wesentliche? Oder übersehen auch wir den „Lazarus" vor unserer Tür; wie der reiche Mann den armen Lazarus – in der heutigen Evangeliumslesung – vor seiner Tür nicht sah! Jesus sieht erschöpfte Menschen, müde Menschen.

Lieber Matthäus, solche müden und erschöpften Menschen gibt es unendlich viele auch in unserer Zeit. Und wir sehen solche kaputten und elenden Menschen mit Hilfe des „Kastens", den ich Dir soeben zu beschreiben versuchte, aus der ganzen Welt!

Ja, wir sehen so viel, so vieles. Sehen wir auch mit unserem Herzen? Von Jesus bezeugst Du das – ohne Frage! Er hatte Mitleid und Erbarmen mit den müden und erschöpften Menschen. Unser Mitleid hält sich oft in Grenzen. Und wir beruhigen unser manchmal schlechtes Gewissen beim Anblick dieser unglücklichen Menschen, dass Mitleid allein auch nicht hilft. Und das ist ja auch wahr! Doch Jesus sieht nicht nur das Elend; er hilft!

Darum muss ich Dich fragen, was Du im ersten Satz Deiner Zusammenfas-

sung über Jesu Tun berichtest: „Er heilte alle Krankheiten und Gebrechen."
Wolltest Du sagen: Wir sollen heilen lernen? Sollen wir Ärzte werden? Das geht doch nicht! Und wir sind auch nicht Jesus!
Mein Einwand wird aber bei Dir nicht gelten; denn Du schreibst: „Jesus rief die zwölf Jünger zu sich und gab ihnen die Vollmacht, die unreinen Geister auszutreiben und alle Krankheiten und Gebrechen zu heilen."
Ich muss Dir – lieber Matthäus – bekennen: Uns fehlt weithin heute diese Vollmacht! Und „Wunderheiler" stehen bei uns in keinem guten Ruf! Das wirst Du schon zu Deiner Zeit gewusst haben, dass es immer „Scharlatane" gibt, die die Not und Verzweiflung der Menschen ausnutzen, um ihre zweifelhaften „Heilkünste" zu Geld zu machen. Das empfiehlst Du uns doch ganz gewiss nicht?! Du berichtest von der Heilung eines Stummen und zweier Blinder; eines Gelähmten und eines „Besessenen" in Gadara durch Jesus. (Matth. 8 – 9,7) Jesus predigte nicht nur vom Heil; er heilte! Ich kann nicht heilen.
Lieber Matthäus, wir haben heute Ärzte mit großem Wissen über fast alle Krankheiten. Auch hier kannst Du Dir nicht vorstellen, was heute ärztliche Kunst alles kann! Aber nicht nur Glieder und Organe eines Menschen erkranken. Das sagst Du doch in Deinem Satz von den müden und erschöpften Menschen, mit denen Jesus Mitleid und Erbarmen hatte – oder?
Wir sollen heilen lernen, indem wir gerade dort nahe sind, wo viel geweint wird; wo es Menschen die Sprache verschlägt; wo Menschen keinen Menschen mehr haben, dem sie vertrauen können; wo Menschen ganz „unten" sind! Das ist ein großes Feld – bei uns!
Zuletzt – lieber Matthäus – musst Du uns noch den Satz aus Jesu Mund näher erklären: „Bittet den Herrn der Ernte, dass er Arbeiter in seine Ernte sende." Wolltest Du sagen: Wir sollen beten lernen?
Sollen wir darum beten, dass Menschen bereit sind, im „Reich Gottes" zu arbeiten? Richtete Jesus diese Bitte nur an seine zwölf Jünger? An Euch? Ich frage Dich, weil Du ja sogleich die Namen der zwölf Jünger nennst! Dein Na-

me ist mit dabei! Genügen die zwölf Apostel für die „große Ernte"? Ich freue mich – lieber Matthäus – dass Du schon zu Deiner Zeit von der „großen" Ernte schreibst! Dabei war die christliche Botschaft – das „Evangelium", auch Dein Evangelium (!) – doch noch gar nicht über das Gebiet um das Mittelmeer hinausgekommen. Ihr Christen seid damals eine verfolgte und zahlenmäßig kleine Schar gewesen! Wir Christen sind heute die größte Glaubensgemeinschaft in der Welt. Und doch sind wir manchmal kleingläubig, weil auch in unserer Zeit die gute Botschaft von der Liebe Gottes auf ziemliche Gleichgültigkeit stößt.

Wir sollen beten lernen. Damit beginnt die „Erntearbeit"! Das Gebet um die Kraft, neue Wege gehen zu können! Das Gebet um das richtige Sehen der Nöte und Gebrechen in unseren Tagen. Das Gebet, um diese Nöte und Gebrechen heilen zu können. Und zuletzt: Das Gebet, dass Gottes Reich zu uns komme; denn „Erntezeit" ist „Heilszeit", ist „Freudenzeit", ist „Endzeit".

Wolltest Du das sagen?

Amen.

Predigt am 3. Sonntag nach Trinitatis

Lukas 19, 1 – 10

Der Text:

Jesus kam nach Jericho und ging durch die Stadt. Dort wohnte ein Mann namens Zachäus. Er war der oberste Zollpächter und war sehr reich. Er wollte gern sehen, wer dieser Jesus sei, doch die Menschenmenge versperrte ihm die Sicht; denn er war klein. Darum lief er voraus und stieg auf einen Maulbeerfeigenbaum, um Jesus zu sehen, der dort vorbeikommen musste.
Als Jesus an die Stelle kam, schaute er hinauf und sagte zu ihm: „Zachäus, komm schnell herunter! Denn ich muss heute in Deinem Haus zu Gast sein."
Da stieg er schnell herunter und nahm Jesus freudig bei sich auf.
Als die Leute das sahen, empörten sie sich und sagten: „Er ist bei einem Sünder eingekehrt." Zachäus aber wandte sich an den Herrn und sagte: „Herr, die Hälfte meines Vermögens will ich den Armen geben, und wenn ich von jemandem zu viel gefordert habe, gebe ich ihm das Vierfache zurück."
Da sagte Jesus zu ihm: „Heute ist diesem Haus das Heil geschenkt worden, weil auch dieser Mann ein Sohn Abrahams ist. Denn der Menschensohn ist gekommen, um zu suchen und zu retten, was verloren ist."

Liebe Gemeinde,

wer von uns kennt ihn nicht? Ich meine diesen kleinen Mann, der ein großes und frohes Herz bekam: Zachäus!
Als einziger der vier Evangelisten berichtet Lukas von der Begegnung Jesu

mit Zachäus. Die Kinder lieben diese Geschichte von dem kleinen Mann ganz besonders! Vielleicht auch deshalb, weil der kleine Mann ihnen schon körperlich so nahe ist? Aber das ist auch der „Nachteil" dieser vertrauten Geschichte. Wir kennen sie doch so gut und haben das Staunen darüber verlernt.

Von einem Oberzöllner erzählt Lukas. Wir kommen in dieser Geschichte doch gar nicht vor! Oder? Deshalb will ich heute dem Zachäus das Wort erteilen. Er soll uns seine Geschichte selbst noch einmal erzählen.

Zachäus sagt:

„Wo soll ich mit meiner Geschichte anfangen? Es war ein Tag, so wie heute, ein ganz normaler Tag. Ich hatte gehört, dass dieser Jesus in unsere Stadt kommen sollte. Die ganze Stadt schien auf den Beinen zu sein! Es hatte sich wie ein Lauffeuer verbreitet, dass dieser Jesus vor kurzem einen Blinden geheilt und ihm das Augenlicht geschenkt hatte. Ich wollte den Wundermann kennen lernen. Ich wollte mir selbst ein Bild von ihm machen. Reine Neugier trieb mich auf die Straße. Doch ich kam schon zu spät. Dicht gedrängt standen viele Menschen bereits am Straßenrand.

Wissen Sie, ich bin nicht gerade groß – eher das Gegenteil – ich bin ziemlich klein. Nichts hätte ich sehen können. Darum drängelte ich mich nach vorn. Ich wollte doch Jesus sehen! Aber die Leute, die auch auf Jesus warteten, ließen mich nicht durch. Ich ahnte, warum mich die anderen zurückstießen. – Viele Freunde habe ich nicht. Eigentlich keinen einzigen! Man macht ja auch sonst immer einen Bogen um mich. Warum wohl?

Ich bin ein Zöllner. Genauer: Ich bin sogar der Oberzöllner! Die römische Besatzungsmacht, die unser Land schon seit Jahrzehnten beherrscht; also die Römer brauchen viel Geld. Das holen sie von uns. Sie holen das von allen Völkern, die sie erobert haben. Aber sie machen das nicht selbst. Sie sprechen ja unsere Sprache nicht! So suchen sie Verbündete. Ich bin so einer, der ihnen das Geld eintreibt. Mit den Römern, diesen „Heiden", habe ich fast täglich Kontakt; denn ich kann den Umgang mit ihnen ja nicht vermeiden. Darum bin ich auch „unrein"; bin ich ein Außenseiter!

Was ich noch sagen muss: Ich verlange von den Leuten, die an meinem Zollhaus vorbei kommen, viel mehr Geld, als ich an die Römer wieder abliefern muss. Das ist doch logisch! Ich will doch nicht zu kurz kommen! Ich bin zwar körperlich ein Knirps; aber ich habe Köpfchen! Wie hätte ich es sonst zum Oberzöllner gebracht?!

Auch jetzt ließ mich mein Köpfchen nicht im Stich. Ich überlegte: Wenn sie dich verachten, wenn sie dir zeigen wollen, wie unbeliebt du in der Stadt bist, wenn sie dir den Rücken zukehren; dann lass sie doch links liegen!

Ich sah einen Maulbeerfeigenbaum. Er hatte knorrige Äste und viel Laub. Ich konnte ihn mühelos ersteigen. Ich hatte somit eine gute Sicht und ein gutes Versteck dazu!

Als ich oben im Baum saß, kam mir mein sonderbarer Sitzplatz wie ein Gleichnis meines Lebens vor. Ich war oben. Ganz oben! Allen anderen überlegen. Aber ich war hier oben auch sehr allein, sehr einsam. Abseits von allen anderen. Doch lange wollte und konnte ich über meine merkwürdige Lage nicht nachdenken. Jesus kam!

Und dann geschah etwas, was ich bis heute nicht begreifen kann! Es ist ein noch größeres Wunder, als die Heilung des Blinden vor unserer Stadt. Dieser Jesus ruft mich vor allen Leuten bei meinem Namen!

War es fast ein Wunder, dass er mich hier oben im Baum überhaupt entdeckt hatte; ruft er mich! Woher kannte er mich? Ich wollte Jesus kennen lernen, dabei kannte er mich schon!

„Zachäus" – rief er – „komm schnell herunter; denn ich muss heute in dein Haus einkehren." Obwohl ich meinem Namen wahrlich keine Ehre mache; denn übersetzt heißt Zachäus, der „Gerechte", und obwohl ich es doch am wenigsten verdient habe, dass Jesus mein Gast sein will, kennt er mich, kommt er zu mir!

Ich bin nicht sehr fromm. In den Tempel bin ich schon lange nicht mehr gegangen. Die „Frommen" hätten mir, dem „Unreinen", den Zutritt ja doch verwehrt! Ich bin reich, das ist alles. Ich bin reich, aber verachtet. Warum beachtet mich Jesus?

Wie ein Wiesel kletterte ich vom Baum herunter. Dabei hörte ich die Leute tuscheln: „Zum Gauner geht er! Schönes Gesindel sucht der sich aus!" Ich bin rot im Gesicht geworden. Rot vor Freude, aber auch vor Scham. Sollte ich mich nicht freuen, dass Jesus zu mir – ausgerechnet zu mir – kommt?! Aber ich habe mich auch geschämt. Mein ganzer Stolz war mein Geld. Ich glaube nicht, dass es noch jemanden in Jericho gibt, der mehr Geld hat als ich. Aber ich spürte deutlich: Mit meinem Reichtum kann ich Menschen beeindrucken. Bei Jesus zählt der überhaupt nicht!

Auch Jesus sah sofort, was mir fehlte. Er richtete aber kein einziges vorwurfsvolles Wort an mich. Er hat mir nicht die Leviten gelesen. Ich musste kein „Donnerwetter" über mich ergehen lassen.

Ich spürte selbst, wo meine Schwachpunkte liegen. Darüber habe ich mich geschämt. Kaum hatte Jesus mit seinen Jüngern in meinem Haus Platz genommen, sagte ich ihm, was ich ändern werde.

Das Geld, das verfluchte Geld, dem ich meine Ehre, mein Ansehen und auch meinen Glauben geopfert habe; das Geld soll mich nicht mehr beherrschen. Ich will es mit vollen Händen an die zurück geben, die ich betrogen habe. Das versprach ich Jesus. Darauf sagte er: „Heute ist diesem Haus Heil widerfahren." Dieser Satz machte mich zum glücklichsten Menschen von Jericho! Ich bin ein anderer Zachäus geworden. Äußerlich hat sich nichts geändert. Ich bin ein Zöllner geblieben.

Aber das hättet Ihr sehen sollen, als ich in etliche Häuser ging und das zu Unrecht erworbene Geld zurück gab! Einige sagten: „Der Zachäus muss verrückt geworden sein!" Andere trauten mir auch weiterhin nicht über den Weg. Ob ich in Zukunft ein ehrlicher Zöllner sein würde? Aber was man jetzt über mich denkt; es ist völlig unwichtig für mich geworden. Wichtig allein bleibt mir der Zuspruch von Jesus: „Heute ist diesem Haus Heil widerfahren."–

Das war die Geschichte meiner Begegnung mit Jesus. Sagen will ich nur noch, dass mir wenig später dieses „Heute" ganz bewusst geworden ist! Jesus war nach Jerusalem gegangen. Ich habe davon erfahren. Er soll dort wie ein König mit Palmzweigen und Hosianna-Rufen empfangen worden sein. Aber nur fünf Tage später sei er zum Tod verurteilt und auf dem „Schädelberg", auf dem Hügel Golgatha, gekreuzigt worden.

So war diese Begegnung meine letzte Chance gewesen! Jesus war zum letzten Mal durch Jericho gekommen, als er mich erkannte, als er bei mir einkehrte und als er mir Gottes Heil zusprach.

Jericho, o Jericho!

Damals, als nach der vierzigjährigen Wüstenwanderung unser Volk bis an die Mauern dieser Stadt gekommen war, wurden sieben Tage lang die Posaunen geblasen. Josua verfluchte diese Stadt, weil deren Mauern nicht fallen wollten! Jesus flucht nicht über mein verhärtetes Leben. Im Gegenteil: Er sprach mir Heil zu! So fiel meine unsichtbare Mauer, die mich von Gott und von den Menschen trennte.

Ich sollte meine Geschichte erzählen. Nun habt Ihr sie gehört. Sie kann auch zu Eurer Geschichte, zu Eurem Heil werden, wenn Ihr Euch heute von Jesus ansprechen lasst und ihn bei Euch aufnehmt."

Amen.

Predigt am 5. Sonntag nach Trinitatis

Johannes 1, 35 – 42

Der Text:

Am Tag darauf stand Johannes wieder dort, und zwei seiner Jünger standen bei ihm. Als Jesus vorüberging, richtete Johannes seinen Blick auf ihn und sagte: „Seht, das Lamm Gottes!" Die beiden Jünger hörten, was er sagte und folgten Jesus. Jesus aber wandte sich um, und als er sah, dass sie ihm folgten, fragte er sie: „Was wollt ihr?" Sie sagten zu ihm: „Rabbi" – das heißt übersetzt: „Meister" – „wo wohnst du?"
Er antwortete: „Kommt und seht!" Da gingen sie mit und sahen, wo er wohnte, und blieben jenen Tag bei ihm; es war aber um die zehnte Stunde. Andreas, der Bruder des Simon Petrus, war einer der beiden, die das Wort des Johannes gehört hatten und Jesus gefolgt waren. Dieser traf zuerst seinen Bruder Simon und sagte zu ihm: „Wir haben den Messias gefunden." "Messias" heißt übersetzt: „Der Gesalbte, der Christus". Er führte ihn zu Jesus. Der blickte ihn an und sagte: „Du bist Simon, Jonas Sohn, du sollst Kephas heißen". Kephas bedeutet: „Fels."

Liebe Gemeinde,

dieser Sonntag hat das Thema: Nachfolge.
Doch wie wird man ein Nachfolger, eine Nachfolgerin des Jesus von Nazareth, der als Christus weltweit von Millionen Menschen bekannt wird? Diese Frage ist heute genau so aktuell, wie zu der Zeit, als Jesus seine Jünger um sich sammelte. Ich möchte einem, der nach dem Zeugnis des

vierten Evangelisten zu den ersten Nachfolgern Jesu gehörte, das Wort erteilen. Das würde er – vermutlich – zu uns sagen:
Ich heiße Andreas. Es ist schon merkwürdig, dass ich als Jude einen griechischen Namen habe. Der „Mannhafte" heißt Andreas übersetzt. Ob ich „mannhaft" bin, das müssen andere beurteilen. Ich kann von mir nur sagen, dass ich immer „im Schatten" meines Bruders Simon stehe. Simon heißt übersetzt: „Gott hat erhört." Hat Gott meinen Bruder mehr „erhört", als mich, den „Mannhaften"? Das habe ich mich manches Mal gefragt. Wie oft wird er vor mir genannt! Von ihm wird auch viel mehr berichtet, als von mir. Aber ich verplaudere mich.
Es könnte als „Prahlerei" missverstanden werden, dennoch will ich davon berichten, wie ich zu Jesus fand. Oder sollte ich richtiger sagen, wie ich von Jesus gefunden wurde?
Eine große Erwartung hatte unser jüdisches Volk erfasst. Die Erwartung des Messias – des Retters Israels. Zum Jordan, einem Fluss, der vom Norden zum Süden unseres Land fließt, setzte eine regelrechte „Pilgerbewegung" ein. Dort predigte ein gewisser Johannes. Sein Name heißt: „Gott hat sich erbarmt." Von vielen wurde er aber nur „der Täufer" genannt. Er predigte gewaltig von der nahe bevorstehenden Ankunft des Messias.
„Kehrt um! Ändert euer Leben! Macht eine ebene Bahn für den Kommenden!" Das sagte er. Und viele ließen sich zum Zeichen ihrer Umkehr im Wasser des Jordans von ihm taufen. Ich auch! Johannes beeindruckte viele, die zu ihm gepilgert waren. Er lebte vor, was er predigte! Er war ein durch und durch „glaubwürdiger" Mann! Doch dann kam Jesus in mein Leben!
Unser Meister Johannes sagte – ich war dabei – und mit meinen Ohren hörte ich seine Worte: „Seht, das ist Gottes Lamm!" Er sagte diesen Satz, als auch Jesus sich von ihm im Jordan taufen ließ. Ich wusste es ja. Johannes hatte oft zu uns gesagt: „Ich bin nicht der versprochenen Retter Israels. Nach mir kommt er – der Messias. Ich bin nur sein Wegbereiter." Da zögerte ich

nicht lange. Mit einem weiteren Jünger des „Täufers" folgte ich Jesus. Aber der staunte. „Was wollt ihr?", fragte er uns. Was sollten wir auf seine Frage antworten? Wir kannten Jesus doch noch gar nicht! Deshalb sagten wir zuerst: „Rabbi." Mit dieser Anrede, die „Meister" bedeutet, wollten wir ihm zeigen, dass er jetzt unser „Meister" sein soll, nicht mehr Johannes. Aber trotz dieser Anrede blieben wir verlegen. „Was wollt ihr?", fragte uns Jesus. Hätten Sie eine passende Antwort auf seine Frage gewusst?

So fragten wir bei unserer ersten Begegnung mit Jesus: „Wo wohnst du?" Eine blöde Frage! Oder? Doch Jesus fand unser Anliegen gar nicht blöd und auch nicht ungebührlich! „Kommt und seht!", so forderte er uns auf. Und wir gingen mit.

Was wir bei ihm sahen, werden Sie mich jetzt fragen. Oder? Wir sahen nichts Außergewöhnliches! Kein „Wunder" geschah! Kein „Licht" leuchtete auf! Es war ein Haus wie jedes andere. Gewundert hat mich nur die Uhrzeit, die später bei unserem Aufenthalt bei Jesus berichtet worden ist. Ich besitze keine Uhr. Ich richte mich – wie die allermeisten – nach der Sonne. Wir zählen nur die Stunden vom Sonnenaufgang, früh um sechs, bis zum Sonnenuntergang, der etwa auch um sechs Uhr abends erfolgt. Die Nacht bleibt, was sie ist: Finster, unergründlich und geheimnisvoll.

Die zehnte Stunde soll es gewesen sein, als wir bei Jesus einkehrten. Das war bereits kurz vor dem Anbruch der Nacht, also am späten Nachmittag. Waren wir gerade noch zur rechten Zeit in Jesu Nähe gekommen? Ehe es zu spät gewesen wäre? –

Ich wollte, ich musste meinen Bruder finden. Denn: „Wes des Herz voll ist, dem geht der Mund über!" Sicher werden sie das Sprichwort kennen? Schon Matthäus benutzte es. (Matth. 12,34)

Von meinem ersten „Meister", von Johannes, hatte ich gehört: „Das ist das Lamm Gottes." Jetzt sollen es andere von mir hören: „Jesus ist der Christus, der Gesalbte und der Retter." Ich hatte doch den Heiland gefunden! Noch vor meinem berühmteren Bruder Simon! Aber das ist völlig nebensächlich! Bei Jesus gibt es kein zuerst, nur ein zu spät!

So war es auch kein Problem für mich, dass Jesus meinen Bruder als „Petrus", als „Felsen", bezeichnete und nicht mich! Wie es bei Jesus kein zuerst gibt, so gibt es bei ihm auch kein oben und unten, keinen Unterschied zwischen Frauen und Männern. Selbst die Kinder nimmt er an und stellt sie uns Erwachsenen sogar als Vorbilder hin! Alle sind wir „Nachfolgende", ob jung oder alt, klug oder einfältig, reich oder arm, gesund oder krank. Aber verändern will uns die Nachfolge!

Ich bin mit meinem Bruder Simon Fischer gewesen, ehe ich Jesus fand. Ich bin nicht besonders gebildet. Aber das weiß ich, das sagt ja schon das Wort selbst: „Nach – folge." Ich folge einem anderen nach. Ich gehe nicht mehr meinen eigenen Weg. Jesus bestimmt den Kurs meines Lebens. So, wie ich meinen Bruder Simon zu Jesus „führte", fast wie ein Kind geführt wird, so „führt" uns jetzt Jesus.

Zuletzt will ich nur noch berichten, dass mein Bruder und ich nicht die einzigen „Nachfolger" Jesu blieben. Es ging fast „Schlag auf Schlag"! Oder anders gesagt: Es wurde eine „Kettenreaktion" aus meiner ersten Begegnung mit Jesus. Ich „führte" meinen Bruder Simon zu Jesus. Philippus kam am nächsten Tag dazu. Er trifft Nathanael, und auch der wird – trotz seiner Zweifel: „Was kann aus Nazareth Gutes kommen?" – ein Nachfolger Jesu. So ging es immer weiter.

Viel später erzählte uns Jesus eine Beispielgeschichte. In seiner Hand hielt er ein winziges Senfkorn. Dann sagte er zu uns: „Dieses winzige Korn wird, wenn man es in die Erde legt, ein großer Baum. Ihr wisst es. Vertraut ebenso darauf, dass Gott aus ganz kleinen Anfängen sein Reich baut." Ja, diese Geschichte vom Senfkorn verstand ich gut. Ich musste mich doch nur an meine erste Begegnung mit Jesus erinnern!

Davon wollte ich berichten. Mein Bericht wird nicht „umwerfend" ausgefallen sein? Ich ahne es. Ich konnte ja von keinen aufregenden oder gar wundersamen Dingen berichten, als mich Jesus fand und ich mit anderen ihm nachfolgte. Aber immer wieder will ich es bezeugen, dass Jesus das „Lamm Gottes" ist und ich diesem „Lamm Gottes" folgen werde.

Amen.

Predigt am 9. Sonntag nach Trinitatis

Philipper 3, 7 – 14

Der Text:

Was mir Gewinn war, das habe ich um Christi willen für Schaden erachtet. Ja, ich achte es noch alles für Schaden gegen die überschwängliche Erkenntnis Christi Jesu, meines Herrn, um welches willen ich habe alles für Schaden gerechnet und achte es für Kot, auf dass ich Christus gewinne. Um in ihm erfunden zu werden, dass ich nicht habe meine Gerechtigkeit, die aus dem Gesetz, sondern die durch den Glauben an Christus kommt; nämlich die Gerechtigkeit, die von Gott dem Glauben zugerechnet wird.
Zu erkennen ihn und die Kraft seiner Auferstehung und die Gemeinschaft seiner Leiden, dass ich seinem Tode ähnlich werde, damit ich gelange zur Auferstehung der Toten.
Nicht, dass ich es schon ergriffen habe oder schon vollkommen sei; ich jage ihm aber nach, ob ich es ergreifen möchte, nach dem ich von Christus Jesu ergriffen bin.
Meine Lieben, ich schätze mich selbst noch nicht, dass ich es ergriffen habe. Eines aber sage ich: Ich vergesse, was dahinten ist, und strecke mich zu dem, was da vorne ist. Und jage nach dem vorgesteckten Ziel, nach dem Kleinod, welches vorhält die himmlische Berufung Gottes in Christus Jesu.

Liebe Gemeinde,

der 9. Sonntag nach Trinitatis hat das Thema: „Wem viel von Gott gegeben wurde, von dem wird man umso mehr fordern."

Von den „Talenten", von den Gaben und Begabungen, die ein jeder, eine jede von uns hat, hörten wir schon im Evangelium dieses Sonntages. (Matth. 25, 14 – 30) Auch das Lied der Woche (EG 427) redet von dem, was wir in Gottes Namen tun. In der Epistellesung – dem Predigttext – redet der Apostel Paulus von sich selbst. Er tut das nicht oft. Er will ja Christus groß machen; nicht sich selbst! Doch hier redet er sogar – ein einziges Mal in seinen Briefen – von Jesus, als von seinem Herrn!

Wir blicken in sein Herz; in sein Innerstes. Wer sich so öffnet, verdient Respekt! In der Regel lassen wir nur sehr selten andere Menschen unsere intimsten Empfindungen oder auch unsere Glaubenserfahrungen wissen.

Deshalb möchte ich mit Paulus ein „erfundenes" Gespräch führen. Das würde ich zu ihm sagen:

Lieber Bruder Paulus,

Du wirst mir diese vertraute Anrede gewiss verzeihen? In allen Deinen Briefen, ob an die Christen in Rom, in Korinth oder auch an die in Philippi sprichst Du von den „Heiligen in Christus Jesu"; also von Brüdern und Schwestern des Auferstandenen. Darum möchte ich auch zu Dir sagen:

Lieber Bruder Paulus,

Du schreibst diesen Brief aus dem Gefängnis. Du musst mit dem Allerschlimmsten; Du musst mit Deiner Hinrichtung durch ein Todesurteil rechnen! Dabei bist Du doch kein Verbrecher! Du bist ein „Todeskandidat", weil Du von Deinem Herrn Jesus Christus, der in Jerusalem gekreuzigt wurde, so erfüllt, so begeistert redest!

Warum? Warum tust Du Dir das an? Dein Leben sollte doch ganz anders verlaufen, als einmal im Gefängnis zu landen! Welche Gaben und Begabungen hattest Du! Als Jude wurdest Du in Tarsus geboren. Du hattest aber auch das „privilegierte" römische Bürgerrecht. Dass Du ein „freier Bürger" bist, darauf berufst Du Dich oft. Das römische Bürgerrecht bewahrte Dich davor, dass der jüdische Hohe Rat mit Dir „kurzen Prozess" gemacht hätte. Du wolltest den

Prozess vor einem römischen Gericht. Bei Gamaliel – einem der großen jüdischen Gelehrten Deiner Zeit – hattest Du studiert. Um die Thora, um dem Willen Gottes, hast Du Dich redlich bemüht. Ach was, geeifert hast Du darum! Du sagst selbst: Wenn einer durch die Erfüllung des Gesetzes Gottes Anerkennung verdient hätte; Du wärest dabei!

Lieber Bruder Paulus,

ich möchte ja gern Deine Erkenntnis auch zu meiner Erkenntnis werden lassen. Verstehe ich Dich richtig? Du sagst: „Christus will ich erkennen und die Macht seiner Auferstehung und die Gemeinschaft seiner Leiden. Sein Tod soll mich prägen."

Das musst Du mir genauer erklären! „Sein Tod soll mich prägen!" Hast Du schon „Todessehnsucht"? Wenn man im Gefängnis sitzt, sind solche Gedanken ja naheliegend – oder? Doch Dein Brief an die Gemeinde in Philippi ist der fröhlichste Brief, den Du geschrieben hast. Wie oft rufst Du die Christen auf: „Freuet euch"! Das 3. Kapitel beginnst Du mit den Worten: „Vor allem freuet euch in dem Herrn! Euch immer das Gleiche zu schreiben, wird mir nicht lästig." Kann ein solcher Aufruf zur Freude aus einer „Todessehnsucht" kommen?

Was prägte der Tod Jesu tief in Dein Herz ein? Verstehe ich Dich richtig? Du hast erkannt, dass sein Tod am Kreuz nicht die Katastrophe, nicht das Ende war. Und die „Kraft seiner Auferstehung" hast Du vor den Toren von Damaskus ja am eigenen Leib erfahren!

Das „Damaskuserlebnis" hat Dein Leben völlig verändert und Deinem Leben die entscheidende Wende gegeben. Du warst bis dahin der entschlossenste und radikalste Gegner der damaligen Christen. Im „Christenglauben" hast Du die größte Gefahr für den jüdischen Glauben gesehen. Darum hast Du die Anhänger des „neuen Glaubens" verfolgt. Dein Eifer für die Thora war grenzenlos. Ich sagte es schon.

Doch der auferstandene Christus hat gerade Dich für sich und sein Evangelium der Gnade gewonnen. Jetzt ist Dir Deine Vergangenheit unwichtig! Denn Du sagst, dass alles, was Dir einmal wichtig gewesen ist, einen Dreck wert sei! „Koine" – „Dreck" – heißt im Griechischen auch: „Schei..."! Du hast erkennen dürfen: „Wenn ich nur an Christus hänge – im Leben und im Sterben – dann ist auch mein Tod nicht die Katastrophe und nicht das Ende. Dann hat selbst der Tod nicht das letzte Wort. Das letzte Wort hat Christus!" Deshalb möchte ich Dich fragen, ob Du auch im Leid, im Leiden, einen Sinn erkennst? Das zu erkennen, fällt uns sehr schwer. Wir fragen dann oft: Warum? Warum gerade ich?

Du sagst sehr kühn: „Bei meinem Leiden und bei meiner Gefangenschaft leide ich auch mit Christus! Doch wenn ich im Leiden mit Christus verbunden bin, dann bin ich auch im Sieg am Ostermorgen mir ihm verbunden."

Willst Du uns damit sagen, dass „viel leiden müssen" zugleich auch „viel Erlösung" sei? Wird somit die Gerechtigkeit, die vor Gott gilt, durch Leiden erworben? Aber die „neue Gerechtigkeit" schenkt Gott doch denen, die sie im Glauben, im Vertrauen, annehmen!

Nein, die „Gerechtigkeit vor Gott" muss weder mit „guten Werken" noch mit „viel Leiden" erkauft werden! Doch das – so verstehe ich Dich – wolltest Du uns sagen: „Wenn auch der äußerliche Mensch verfällt, wird doch der innerliche Mensch von Tag zu Tag erneuert." (2. Kor. 4, 18)

Das ist keine leichte Erkenntnis! Das ist kein leichter Weg! Du weißt es! Aber auch darin möchte ich Dir gleichen, wenn Du sagst: „Nicht, dass ich es schon erreicht hätte oder dass ich schon vollkommen wäre." Ich verstehe diesen für mich so wichtigen Satz nicht als Ausdruck einer „christlichen Bescheidenheit". Die gibt es ja auch! Doch dahinter kann sich manchmal auch ein christlicher Hochmut verstecken. Nein, Du meinst es ehrlich!

Alles, wirklich alles ist für Dich unwichtig, bestenfalls zweitrangig oder gar nebensächlich, also nicht der Rede wert, wenn, ja, wenn Du nur mit Christus „deinem Herrn" ganz eng verbunden bist und bleibst! Du hast Jesus Christus als deinen Herrn erkannt! Christus hat Dich vor Damaskus vom „hohen Ross" geholt. Christus hat Deinem Leben die „Wende" geschenkt. Christus hat Dich an die Hand genommen. Christus führt Dich jetzt Wege, die Du gar nicht gehen wolltest. Aber auch Wege, die Du ohne Christus nie gefunden hättest. Das ist Dein „Glück"! Du durftest Christus erkennen!

Alle unsere Gaben und unsere Begabungen, die wir verantwortlich gebrauchen sollen, wären umsonst, wenn wir Jesus Christus nicht als unsere neue Gerechtigkeit vor Gott erkannt hätten.

Lieber Bruder Paulus, ich werde diesen Abschnitt Deines Briefes wohl noch oft lesen müssen. Aber ich danke Dir dafür, dass Du bei mir die Erkenntnis vertieft hast, die Jesus so sagte: (Matth.16, 24) „Wenn jemand mit mir gehen will, der verleugne sich selbst. Er nehme sein Kreuz auf sich und folge mir nach. Denn wer sein Leben erhalten will, der wird es verlieren. Wer aber sein Leben verliert um meinetwillen, der wird es finden."

Zuletzt möchte ich Dir von Paul Gerhardt, er war ein Pfarrer und auch ein begnadeter Liederdichter in sehr schwerer Zeit, einen Vers mitteilen. In seinem Osterlied: „Auf, auf, mein Herz mit Freuden.." (EG 112) sagt er: „Ich hang und bleib auch hangen an Christus als ein Glied; wo mein Haupt durch ist gangen, da nimmt er mich auch mit. Er reißet durch den Tod, durch Welt, durch Sünd`, durch Not, er reißet durch die Höll`, ich bin stets sein Gesell."

Amen.

Predigt am 10. Sonntag nach Trinitatis „ Israelsonntag"

2. Könige 25, 8 – 12

Der Text:

Am siebenten Tag des fünften Monats, im neunzehnten Jahr Nebukadnezars, des Königs von Babel, kam Nebusaradan, der Oberste der Leibwache, als Feldhauptmann des Königs von Babel nach Jerusalem und verbrannte das Haus des Herrn und das Haus des Königs und alle Häuser in Jerusalem; alle großen Häuser verbrannte er mit Feuer.
Und die ganze Heeresmacht der Chaldäer, die dem Obersten der Leibwache unterstand, riss die Mauern Jerusalems nieder. Das Volk aber, das übrig war in der Stadt, und die zum König von Babel abgefallen waren und was übrig war von den Werkleuten, führte Nebusaradan, der Oberste der Leibwache, weg; aber von den Geringen ließ er Weingärtner und Ackerleute zurück.

Liebe Gemeinde,

heute – am „Israelsonntag" – wo wir der Zerstörung des Tempels in Jerusalem gedenken, ist es nicht leicht, die Predigt zu halten.
Wie soll man über einen Text predigen, der nur das Datum der Zerstörung Jerusalems nennt und einen einzigen Satz über die Verbannung des Volkes Israel nach Babel anfügt? – Eine Katastrophe war geschehen. Was im August des Jahres 587 vor Christus mit dem alten Gottesvolkes geschah – der Untergang Jerusalems und des Südreiches Juda – wird nicht weniger als viermal im Alten Testament berichtet.
Ungezählte Katastrophen hat es in der Geschichte der Menschheit bis heute

gegeben! Und – Gott sei es geklagt – Katastrophen gibt es immer wieder. Bis heute ist das so. Es ist aber ein gewaltiger Unterschied, ob wir über eine Katastrophe „nur" informiert werden oder ob wir selbst die Betroffenen einer Katastrophe geworden sind!

Deshalb möchte ich in dieser Predigt einen Betroffenen der Jerusalemer Katastrophe vom August 587 vor Christus zu Wort kommen lassen.

„Mein Name ist unwichtig. Er spielt keine Rolle. Aber man nennt mich: Der Deuteronomist. Das heißt: Der zum zweiten Mal das Gesetz schrieb. Oder auch: Der Wiederholer des Gesetzes.

Dabei stimmt es nicht ganz. Ich war dabei ja nicht allein. Die gesamte Oberschicht unseres Volkes – wir Priester gehörten dazu – hatte Nebukadnezar nach Babel in`s Exil abführen lassen.

Nun saßen wir „an den Wassern Babylons" und weinten. Wir hatten alles verloren! Den prachtvollen Tempel Salomos, die Heimat, unser gesamtes Hab` und Gut – alles! Auch unseren Glauben hatten wir verloren! Die Götter Babylons schienen doch stärker zu sein als unser Gott Jahwe?!

Doch in der Fremde – im Exil – kam auch die Wende! Wir Priester erinnerten uns nicht nur an die vergangenen Zeiten. Wir fragten uns: Wie soll es denn nach der Katastrophe mit uns und unserem Volk, aber vor allem mit unserem Glauben, weitergehen?

So schrieben wir zuerst die Geschichte unseres Volkes auf. Aber nicht als „Historiker"! Wir sind Theologen! Wir wollten die Geschichte deuten und sie „im Licht Gottes" betrachten. Wo und wie soll ich beginnen?

Ich denke, dass ich schon einige Worte darüber verlieren muss, wie es zur Katastrophe kommen konnte.

Juda – das Südreich – ist ein kleines Land. Das größere Nordreich war schon längst untergegangen. Unsere „Nachbarn" waren allesamt Großmächte: Ägypten und Assur und Babel. Sie hatten uns oft bedroht und „in die Zange" genommen. Wie sollten wir uns verhalten? Wir müssen uns mit

Ägypten verbünden! Das sagten viele. Hannanja war der einflussreichste Prophet. Er war zudem ein Berater unseres Königs. Sein Name heißt übrigens: „Jahwe hat sich erbarmt."

Unser König war Jojakim, sein Name heißt: „Jahwe wird aufrichten." Ja, fromme Namen hatten viele! Er schloss ein Bündnis mit dem Pharao Necho. Doch der ägyptische Herrscher verlor die Schlacht bei Karkemisch im Jahr 605 vor Christus. Nebukadnezar war der Sieger! Zu „seinem Glück", ist man versucht zu sagen, verstarb Jojakim bald darauf.

Sein Sohn Jojachin war erst achtzehn Jahre alt, als er dessen Nachfolge antreten musste. Jojachin heißt übrigens: „Jahwe möge Festigkeit geben." – Aber von „Festigkeit" konnte keine Rede sein! Dennoch verkündete der Prophet Hanannja immer wieder: „Wir sind noch lange nicht am Ende! Das Blatt wird sich bald wieder zu unseren Gunsten wenden. Gott ist mit uns!" Auf einen anderen Propheten – er hieß Jeremia – hörte keiner! In unseren Augen war er ein „Verräter", weil er vor dem Bündnis mit Ägypten gewarnt hatte. Heute wissen wir, dass seine Botschaft Gottes Wort war und nicht die Botschaft des Hanannja! Jeremia heißt übersetzt: „Jahwe richtet auf."

Als wir Priester in Babel „weinten", weinten wir auch darüber, Jeremia nicht geglaubt zu haben. Seine Tempelrede (Jeremia 7) hätte uns aufrütteln können. Doch wir glaubten ihm nicht. Er wurde in eine Zisterne geworfen.

Gewiss: Eineinhalb Jahre lang hielten wir in Jerusalem der Belagerung durch Nebukadnezars Truppen stand. Trotzig, mutig, siegesgewiss! Gott ist mit uns! Wir sind doch sein Volk! Doch dann, im August 587, war alles verloren. Das sagte ich schon!

Vielleicht sollte ich auch noch erwähnen, dass seit dem Brand Jerusalems auch unser wichtigstes Heiligtum – die Bundeslade, mit den Tafeln des Gesetzes – verschollen ist. Es war der größte Verlust! Einen Tempel kann man wieder aufbauen! Aber war mit den verloren gegangenen Gebotstafeln nicht auch der „Gottesbund" hinfällig geworden? Was danach geschah, wissen Sie schon. Der Sieger kannte kein Erbarmen! Warum auch?

Unser letzter König, sein Name war Zedekia, das heißt: „Jahwe ist meine Hilfe", wurde gefangen genommen. Seine Söhne wurden in seiner Gegenwart getötet. Er selbst wurde mit einem glühenden Eisen „geblendet", blind gemacht. Irgendwann wird er umgekommen sein. Wir hörten nichts mehr von ihm. Jahwe war ihm nicht „zu Hilfe" gekommen.

Wie ging es weiter? Nach dem Schock waren wir wie gelähmt. Aber der Allmächtige erbarmte sich unser! Für uns Priester war eine Frage sehr wichtig: Wozu kann selbst dieses Unglück gut sein?

Als wir die Geschichte unseres Volkes aufschrieben, haben wir „Zensuren" verteilt. Darf man das? Wir werteten jedenfalls. Bis auf Hiskia und Josia – sie taten „was dem Herrn gefiel" – bekamen Asa, Josaphat, Joas, Amazia, Asarja, Jotham und Manasse – welch` eine lange Liste von Namen (!) – von uns durchweg schlechte Noten. Sie taten, „was dem Herrn übel gefiel".

Aber waren „nur" die Könige schuldig geworden? Wir erkannten auch die Schuld des ganzen Volkes. Auch unsere Schuld. „Sündenböcke" findet man schnell. Die eigenen Sünden erkennt man selten! Das wird wohl immer so sein und so bleiben?

Das Nachdenken über unser eigenes Versagen führte dazu, dass wir auch das Gesetz, Gottes gute Ordnung, neu aufschrieben. Eben als „Deuteronomisten"!

Wozu könnte diese Katastrophe gut gewesen sein? Wir gründeten in der Fremde „Lehrhäuser". Sie werden bis heute „Synagogen" genannt. Darin wird das Gesetz gelehrt. Das göttliche Gebot sollte wieder „unseres Fußes Leuchte und ein Licht auf unserem Wege sein". So sagt es schon der 119. Psalm. Es soll nicht mehr heißen: „Gott mit uns!" Egal, was wir tun oder lassen. Wir sind ja die von Gott „Erwählten"! Es soll jetzt heißen: „Gott bleibt bei uns!" Selbst wenn wir seinen Bund vergessen sollten. Er ist auch hier bei uns in Babel!

Das Exil, so schwer und sauer es gewesen ist, hat unseren Glauben neu bestärkt. Vielleicht haben wir Gott erst hier richtig erkannt? Wenn zu mir einer beim Gang in´s Exil gesagt hätte: „Das furchtbare Unglück, das du jetzt verfluchst, wird reichen Segen bringen." – Ich weiß nicht, wie ich darauf reagiert hätte. Getröstet hätten mich damals diese Worte auf keinen Fall!

Jetzt, im Rückblick, erkenne ich aber zu meinem eigenen Erstaunen, dass der Allmächtige – gelobt sei sein Name – selbst das Allerschlimmste in Heil und Segen verwandeln kann.

Von den „Zensuren", die wir Priester verteilten, als wir die Geschichte unseres Volkes neu aufschrieben, sprach ich schon. Meine Frage ist: Welche „Zensuren" werden wir einmal bekommen? Nicht nur von den nach uns Geborenen, sondern von Gott? Wie wird der Allmächtige uns beurteilen? – Weil uns Gott im Exil einen neuen Anfang schenkte und weil sein Bund mit uns auch durch unser Versagen nicht hinfällig wurde, hoffe ich auf seine Barmherzigkeit – auch mit mir.

Amen.

Predigt am 11. Sonntag nach Trinitatis

Matthäus 21, 28-32

Der Text:

Jesus sprach: „Was meint ihr? Ein Mann hatte zwei Söhne. Er ging zum ersten und sagte: Mein Sohn, geh` und arbeite in meinem Weinberg! Er antwortete: Ja, Herr! Er ging aber nicht hin. Da wandte er sich an den zweiten Sohn und sagte ihm dasselbe. Dieser antwortete: Ich will nicht! Später aber reute es ihn, und er ging doch hin. Wer von beiden hat den Willen des Vaters erfüllt"? Sie antworteten: „Der Zweite". Da sagte Jesus zu ihnen: „Zöllner und Dirnen gelangen eher in das Reich Gottes als ihr. Denn Johannes ist gekommen, um euch den Weg der Gerechtigkeit zu zeigen. Doch ihr habt ihm nicht geglaubt. Aber die Zöllner und die Dirnen haben ihm geglaubt."

Liebe Gemeinde,

wieder hat es ein Vater mit seinen beiden Söhnen schwer! Wie schon am 3. Sonntag nach Trinitatis, als der Evangelist Lukas von zwei unterschiedlichen Söhnen berichtete. Wir kennen seinen Bericht unter der Überschrift: „Vom verlorenen Sohn". Auch der Evangelist Matthäus berichtet von zwei unterschiedlichen Söhnen eines Vaters. Übrigens: Nur er allein berichtet davon! Erneut also eine Familientragödie? Solche „Tragödien" kommen ja bis heute vor! Denn wie unterschiedlich Geschwister sein können, das wissen sehr viele aus ihrer eigenen Familie! Aber weder Lukas noch Matthäus haben die Absicht, komplizierte Familienverhältnisse zu schildern. –

Sie wollen doch am Beispiel solcher „schwierigen Kinder" die Botschaft Jesu verkündigen!! Was aber ist ihre Botschaft? Ich möchte mit Matthäus in ein „Gespräch" kommen, um ihn danach zu fragen. So sähe mein „Gespräch" mit ihm aus:

Lieber Matthäus,

Du scheinst ein großes Interesse an klaren Verhältnissen zu haben? Sehe ich das richtig? Nicht nur in Deinem Bericht – über den heute zu predigen ist – geht es Dir um Klarheit: Ja oder Nein! Schon in der Bergpredigt Jesu, wie Du sie uns überliefert hast, lässt Du Jesus sagen: „Eure Rede sei ja, ja – nein, nein – was darüber ist, das ist vom Teufel." (Matth. 5, 37)

Mir ist aber aufgefallen, dass Dein Zeitgenosse Lukas – ihr habt ja etwa zur gleichen Zeit Eure Berichte über das Leben Jesu geschrieben – dass Lukas Deine „Ja und Nein Worte" n i c h t in seinem Evangelium aufgenommen hat! Was mag Dich dazu bewogen haben? Hängt das mit Deiner Biografie zusammen?

Du bist ein Jude! – Lukas nicht! Lukas war ein „Heide". Du warst ein Zöllner, ehe Du von Jesus in die Nachfolge berufen wurdest. Du schreibst von Jesus für Deine jüdischen Landsleute. Lukas schreibt für Heiden, für Nichtjuden. Bist Du als Jude strenger? Ist Lukas – als „Heide" – großzügiger? Ist Dein Evangelium doch Gesetz?

Lieber Matthäus, Du siehst an meinen Fragen, wie mich Deine kleine Geschichte ganz ordentlich durcheinander bringt!

Ob Du den „Frommen" Deiner Zeit einen Spiegel vorhalten wolltest? Ihr „ja" zur Thora! Ihr „ja" zum Fasten! Ihr „ja" zum Opfer. Soll das falsch gewesen sein? Wohl meinten etliche Deiner Landsleute, damit überfordert zu sein. Aber auch ich könnte Dir lange davon berichten, wie auch Christen heute überfordert sind! Sie sind die „Ja-Sager", weil sie nicht „Nein" sagen können – oder wollen! Man nennt sie – nicht gerade lobend – die „Multifunktionäre"! Dabei bringen sie sich vorbildlich in die Gemeinde ein! Ohne ihre Mitarbeit –

oft ehrenamtlich (!) – wären wir kaum in der Lage, die von der Kirche erwarteten Dienste zu leisten! Das „Ehrenamt" muss in Zeiten knapper Gelder viel stärker wahrgenommen werden. So heißt es heute bei uns! Willst Du – lieber Matthäus – diesen Einsatz madig machen? Oder denkst Du an solche „Ja-Sager", die es auch bei uns gibt?

Ja – ich will mein Kind im christlichen Glauben erziehen; wie es Eltern und Paten bei der Taufe versprechen. Ja – ich will im christlichen Glauben bleiben und wachsen; wie es unsere Konfirmanden versprechen. Ja – ich will meinen Ehepartner in guten und in schweren Tagen lieben und ehren; wie es Eheleute bei der Trauung versprechen. Ja – ich will nicht vergessen, wie Gott mir in Krisenzeiten geholfen hat; wie es nach schweren Zeiten oft versprochen wurde.

Lieber Matthäus, ob Du alle diese „Ja-Sager" an ihr Versprechen erinnern willst? Wenn unser „Ja" doch ein „Ja" wäre! Und unser „Nein" ein „Nein"! Das wäre herrlich! Ich kann Dich gut verstehen, dass Du diesen „Spitzensatz" der Bergpredigt Jesu n i c h t weglassen wolltest!

Wenn zum Beispiel unsere Politiker auf die Probleme unserer Zeit nur mit „ja" oder „nein" antworten dürften, ohne jedes „wenn" und „aber"! Das wäre so hilfreich, so eindeutig, so ehrlich! Wie sie den Sozialstaat und die soziale Gerechtigkeit, wie sie Ordnung und Sicherheit, Arbeit und Rente und nicht zuletzt die Euro- und Bankenkrise gestalten wollen! Ohne „jein" und ohne „Lüge"! – Das wäre ein fairer „Wahlkampf" um unsere Zustimmung!

Aber verstehe ich Dich richtig? Du willst ja nicht a n d e r e n predigen, sondern u n s ! Ist das Deine Botschaft: „Nicht auf das Wort, sondern auf die Tat kommt es an?" Ich gestehe: Der „Nein-Sager", der am Ende doch den Willen seines Vaters erfüllt, ist mir sehr viel lieber, als der großspurige „Ja-Sager", der sich am Ende „verdrückt"! Wolltest Du uns das sagen? Ich vermute, dass dies nicht Deine Absicht gewesen ist. Denn ich kann gar keinen Unterschied zu Deinem Kollegen Lukas erkennen. So wie er die Umkehr des „verlorenen"

Sohnes als frohe Botschaft – als Evangelium – verkündigte, so sagst Du: Jesus freut sich über alle, die ihr „nein", die ihr falsches Verhalten, bereuen und die, wie der „verlorene" Sohn, umkehren! Schon Rabbi Akiba sagte: „Die größte Schuld des Menschen ist nicht seine Sünde, die er begeht, sondern, dass er in jedem Augenblick die Umkehr tun könnte – und tut sie nicht!"

Das war doch auch Deine Erfahrung mit Jesus! Du warst ihm als ehemaliger Zöllner nicht zu schlecht, sein Jünger zu sein! An Dir ist wahr geworden, was Martin Luther kurz vor seinem Tod zu diesem Bericht in Deinem Evangelium schreibt: „Es ist viel möglicher, dass Buben und Huren selig werden; denn dass hoffärtige Heilige das Himmelreich gewinnen! Jene müssen ihre Sünde fühlen, sonst sterben sie in ihrer eigenen Heiligkeit, wenn sie nicht wunderlich bekehrt werden."

Lieber Matthäus,

Du willst zur Klarheit aufrufen. Weil es doch das Kennzeichen Gottes ist, dass er „ja" und „nein" nicht vermischt! Gott sagt „ja" zum Leben und „nein" zum Tod. Gott sagt „ja" zum Sünder und „nein" zur Sünde. Gott sagt „ja" zum Menschen und „nein" zum Teufel. Gott sagt nicht heute „ja" zu uns und morgen „nein"! Woran wir bei Gott sind, das kann jeder zu jeder Zeit wissen! Es ist „teuflisch", „ja" und „nein" durcheinander zu bringen! Habe ich Dich – lieber Matthäus – richtig verstanden?

Wo wir umkehren und unser „ja" auch zur Tat wird, da kann man aufatmen, da bricht das Eis auf, da endet die Dunkelheit, da hat die Lüge verspielt, da ist das Alte vergangen; denn siehe, es ist alles neu geworden.

Amen.

Predigt am 11. Sonntag nach Trinitatis

Lukas 7, 36 – 50

Der Text:

Jesus ging in das Haus eines Pharisäers, der ihn zum Essen eingeladen hatte, und legte sich zu Tisch. Als nun eine Sünderin, die in der Stadt lebte, erfuhr, dass er im Haus des Pharisäers zu Gast war, kam sie mit einem Alabastergefäß voll wohlriechendem Öl und trat von hinten an ihn heran. Dabei weinte sie, und ihre Tränen fielen auf seine Füße. Sie trocknete seine Füße mit ihrem Haar, küsste sie und salbte sie mit Öl. Als der Pharisäer, der ihn eingeladen hatte, das sah, dachte er: Wenn er wirklich ein Prophet wäre, müsste er wissen, was das für eine Frau ist, von der er sich berühren lässt. Er wüsste, dass sie eine Sünderin ist. Da wandte sich Jesus an ihn und sagte: „Simon, ich möchte dir etwas sagen". Er erwiderte: „Sprich, Meister!" Jesus sagte: „Ein Geldverleiher hatte zwei Schuldner. Der eine war ihm fünfhundert Denare schuldig, der andere fünfzig. Als sie ihre Schulden nicht bezahlen konnten, erließ er sie beiden. Wer von ihnen wird ihn nun mehr lieben?" Simon antwortete: „Ich nehme an, der, dem er mehr erlassen hat". Jesus sagte zu ihm: „Du hast recht".
Dann wandte er sich der Frau zu und sagte zu Simon: „Siehst du diese Frau? Als ich in dein Haus kam, hast du mir kein Wasser zum Waschen der Füße gegeben; sie aber hat ihre Tränen über meinen Füßen vergossen und sie mit ihren Haaren abgetrocknet. Du hast mir zur Begrüßung keinen Kuss gegeben; sie aber hat mir, seit ich hier bin, unaufhörlich die Füße geküsst. Du hast mir nicht das Haar mit Öl gesalbt; sie aber hat mir mit ihrem wohlriechendem Öl die Füße gesalbt. Deshalb sage ich dir: Ihr sind ihre vielen Sünden ver-

geben, weil sie mir so viel Liebe gezeigt hat. Wem aber nur wenig vergeben wird, der zeigt auch nur wenig Liebe". Dann sagte er zu ihr: „Deine Sünden sind dir vergeben". Da dachten die anderen Gäste: Wer ist das, dass er sogar Sünden vergibt?
Er aber sagte zu der Frau: „Dein Glaube hat dir geholfen. Gehe hin in Frieden!"

Liebe Gemeinde,

alle vier Evangelisten berichten von einer Frau, die Jesus ihre große Liebe erweist, indem sie ihm mit einer kostbaren Salbe die Füße salbt. Beim Evangelisten Johannes (Joh. 12, 3-8) hat sie sogar einen Namen: Maria, die Schwester des Lazarus. Bei ihm, bei Matthäus und Markus ist Bethanien der Ort dieser Zeremonie. Alle drei berichten, wie diese unnötige Verschwendung doch besser den Armen zugute gekommen wäre!
Wir haben heute aber den Bericht zu bedenken, wie ihn Lukas überliefert hat. Bei ihm gibt es keine Ortsangabe. Und bei ihm sind auch nicht die Armen erwähnt, denen man statt der teuren Salbung viel Gutes hätte erweisen können. Er – Lukas – bleibt auch in diesem Bericht seiner Botschaft verpflichtet: Jesus ist der „Sünderheiland".
Wie kann ich in dieser Predigt seine Botschaft für uns deutlich machen? Ich möchte dem Pharisäer Simon, der namenlosen „Sünderin" und schließlich Jesus selbst das Wort erteilen.
Der Pharisäer:
Ich bin Simon. Ich bin ein Pharisäer. Mein Geld verdiene ich aber nicht als Theologe. Am Glauben unserer Väter sind wir Pharisäer mehr als nur „interessiert". Die Gebote beachten wir streng! Besonders das Sabbat-Gebot. Haben doch vor nahezu 500 Jahren die nach Babel verbannten Ahnen heftig darum gerungen, auch in der Sklaverei diesen „geheiligten Tag der Ruhe"

feiern zu können.

Nun ist häufig von einem Jesus die Rede. Aus Nazareth soll er kommen. Und er soll der von uns erwartete „Menschensohn" sein, der Retter Israels. Aber ich war skeptisch. Was kann schon aus Nazareth, der Provinz, Gutes kommen? Deshalb wollte ich mir selbst ein Bild von ihm machen. Ich wollte ihn persönlich kennen lernen. Vielleicht weiß er sogar einen „leichteren" Weg zu Gott?

Wir Pharisäer – ich sagte es schon – sind theologisch sehr am rechten Weg, an rechter Erkenntnis und am rechten Glauben interessiert. Denn die Gebote, die uns Mose gegeben hat, sind nicht leicht zu befolgen. Selbst die schon von mir erwähnte „Sabbatruhe", die für mich eine Wohltat ist, beachten viele nicht. Wie sieht es erst mit den anderen Geboten aus?

Vom 6. Gebot – dem Verbot des Ehebruchs – will ich gar nicht reden! Die Ehe zu brechen, das ist doch heute gang und gäbe; selbst unter den „Frommen"! „Neue Liebe – neues Glück"! Was Gott wohl dazu sagt?

Aber ich komme vom Thema ab. Ich wollte Jesus kennen lernen. Wie sieht denn sein Weg zu Gott aus? Er kam! Er kam sogar zu mir! Eigentlich hatte ich gar nicht erwartet, dass er meine Einladung annimmt. Wie oft hörte ich schon von meinen Kollegen, dass Jesus uns Pharisäer hart kritisiert. Nun war er da.

Doch, wie peinlich! Denn zugleich kam auch diese Frau! Ich kenne ihren Namen nicht. Aber ich weiß, dass sie nur „die Sünderin" genannt wird. Das sagt doch alles über sie – oder? Ärgerlich, dachte ich! Ich wollte Jesus kennen lernen – und nun kommt die dazwischen! Ausgerechnet die!

Aber manchmal hat ja auch das Unangenehme sein Gutes! Ich wollte Jesus kennen lernen. Jetzt – ja, jetzt konnte er mir beweisen, dass er ein Prophet ist. Kennt er sie nicht, dann ist er kein Prophet. Dann ist er auch nicht der „Messias". So einfach wurde das für mich!

Es war peinlich! Sie weinte wie ein kleines Kind. Sie löste ihre Haare auf, wie eine Nutte. Sie rubbelte damit seine Füße. Sie küsste sie sogar! Ach, war das peinlich! War ich nicht der Gastgeber? Ich spielte ja gar keine Rolle mehr! Da redete mich Jesus an. „Simon" – sagte er – „ich habe dir etwas zu sagen." Ich dachte, jetzt sagt er mir, was die für ein Weib sei. Aber weit gefehlt. Eine Geschichte erzählte er. Auf den „peinlichen Störfall" ging er gar nicht ein. Von zwei Schuldnern erzählte er. Den einen davon hatte der Schuldherr großzügig sehr viele Schulden erlassen. Der andere hatte nur seinen kleinen Schuldbetrag erlassen bekommen. Was hatte das mit meiner Einladung und mit diesem Weib zu tun?

Jesu Frage war: „Simon, wer wird den Gläubiger, den großzügigen Geldgeber, mehr lieben?" Was sollte ich darauf antworten? „Ich achte – achte sagte ich – nicht: Ich weiß! Ich achte, der, dem sehr viel geschenkt wurde." Das war der einzige Satz, den ich bei der Begegnung mit Jesus sagte.

Die „Sünderin":

Mich kennt jeder hier. Die „Sünderin" bin ich – bei allen! Ich hörte, dass Jesus vom Pharisäer Simon eingeladen worden sei. Also, ich musste all` meinen Mut zusammen nehmen. Dort, ausgerechnet bei einem Pharisäer – die sind doch für ihre „Gesetzestreue" bekannt (!) – dort wollte ich Jesus salben. Salben, wie ein König in Israel gesalbt wird! Jesus ist für mich mehr noch als ein König. Kein Opfer für ihn wäre für mich zu groß. Ich weinte. Die Tränen liefen mir nur so über mein Gesicht, ohne dass ich es verhindern konnte. Ich wusste, dass der Pharisäer Simon ärgerlich sein würde. Ich hatte ja mit meinem Kommen sein Fest zerstört! Ich sprach kein Wort. Kein einziges! –

Da sprach Jesus. Aber nicht zu mir. Er redete den Pharisäer Simon an. Von zwei Schuldnern erzählte er. Was hatte diese Geschichte mit mir und dem Simon zu tun? Von großer Schuld und von kleiner Schuld erzählte Jesus. Aber auch von großer Liebe und von kleiner Liebe. Dann fragte er Simon, wer den großherzigen Gläubiger wohl mehr lieben wird? Ich verstand in meiner inneren Erregung kein Wort. Simon, der Pharisäer, sagte: „Ich achte, der, dem er am meisten geschenkt hat".

Ja, mir hatte Jesus am meisten geschenkt, als er zu mir sagte: „Dir sind deine vielen Sünden vergeben." Damit hatte ich nicht gerechnet! Viele verwunderten sich darüber. Kann nicht Gott allein Sünden vergeben? Bin ich Gott begegnet? Ich fühlte mich jetzt nicht mehr wie eine Sünderin, sondern wie eine Königin. Jesus hatte mich zum glücklichsten Menschen gemacht! Ich ging von ihm in Frieden.

Jesus:

Muss ich noch etwas dazu sagen? Ich wurde nicht oft von Pharisäern eingeladen. Ihr Urteil über mich stand fest: Der ist ein „Fresser und Weinsäufer". Der hält den Sabbat nicht. Der hält es aber mit den Zöllnern und Huren. Was wollte ich bei Simon, dem Pharisäer?

Doch: Ist ein Mensch zu schlecht? Ist ein Mensch zu fromm? Sollte sich Gott nicht um alle seine Kinder sorgen? Ich wollte nicht nur den beiden Zöllnern Matthäus und Zachäus meine Gastfreundschaft erweisen. Auch Simon, den Pharisäer und Nikodemus, den Ratsherrn, habe ich lieb! Darum bin ich auch zu beiden gegangen!

Ja, der peinliche Zwischenfall. Ich ahnte, dass er – unbewusst und ungewollt – eine „Falle" war. Weise ich den überschwänglichen Liebesbeweis dieser Frau zurück, wie erfülle ich dann meinen Auftrag, Arzt für die Kranken zu sein und die Verlorenen für Gott zu gewinnen? Wenn ich ihn aber geschehen lasse, zerstöre ich dann nicht die Ordnung, die doch für das Leben der Menschen nötig ist? Denn wenn Gottes Gebote nicht mehr gelten, dann ist doch Chaos die Folge! Kann ich Chaos wollen?

Die „Sünde", ja, die Sünden der Menschen! Sie machen das Leben kaputt! In der Ehe, in der Wirtschaft, unter den Völkern! Überall! Gott sei es geklagt! Aber es gibt – Gott sei Dank – etwas anderes als die „Sünde": Die Liebe! – Deshalb erzählte ich die Geschichte von den beiden Schuldnern. Sie muss den „Kern" getroffen haben. Mein Gastgeber Simon fand die richtige Antwort.

Wem viel vergeben wurde, der liebt auch viel. Wer aber nur wenig Vergebung braucht, der liebt auch wenig. Das Maß der Liebe. Wer schöpft es aus? –
Ich ahnte damals beim Gastmahl des Simon noch nicht, dass die Gemeinde, die sich nach mir die „Christenheit" nennen wird, die Begegnung mit Simon so deuten wird: „Wie geht die christliche Gemeinde mit „Sündern" um?" – Ja, wie gehen wir mit Schuld und Versagen, aber auch mit Frömmigkeit und Ordnung um? Ist die „Hure" besser als der „Fromme"? Ist der „Sünder" Gott lieber als der „Gerechte"?
Das Maß der Liebe ist entscheidend. So sagt es Jesus. Nicht das Maß der Schuld zählt. Aber auch das Maß der Gerechtigkeit zählt nicht. Nur das Maß der Liebe! Bei beiden! Bei Gerechten und bei Sündern! „Denn wo die Liebe ist, da ist Gott." (Leo Tolstoi)

Amen.

Predigt am 12. Sonntag nach Trinitatis

Jesaja 29, 17 – 24

Der Text:

„Wohlan, es ist noch eine kleine Weile, dann soll der Libanon fruchtbares Land werden, und was jetzt unfruchtbares Land ist, soll wie ein Wald werden. Zu der Zeit werden, die taub sind, hören die Worte des Buches und die Augen der Blinden werden aus Dunkel und Finsternis sehen. Die Elenden werden wieder Freude haben am Herrn, und die Ärmsten unter den Menschen werden wieder fröhlich sein in dem Heiligen Israels. Denn es wird ein Ende haben mit den Tyrannen und wird mit den Spöttern aus sein, und es werden vertilgt sein alle, die darauf aus sind, Unheil anzurichten. Welche die Leute schuldig sprechen vor Gericht und stellen dem nach, der sie zurecht weist im Tor und beugen durch Lügen das Recht des Unschuldigen.
Darum spricht der Herr, der Abraham erlöst hat, zum Haus Jakob: Jakob soll nicht mehr beschämt dastehen und sein Antlitz nicht mehr erblassen. Denn wenn sie sehen werden die Werke meiner Hände, werden sie meinen Namen heiligen und den Gott Israels fürchten. Und die, welche irren, werden Verstand annehmen und die, welche murren, werden sich belehren lassen."

Liebe Gemeinde,

eine „wunderbare Verwandlung" haben wir soeben gehört: Der Libanon wird ein fruchtbares Land. Die Tauben werden hören und die Blinden werden sehen. Die Elenden sollen jauchzen und die Armen frohlocken. Die Tyrannen werden verschwinden und die Spötter müssen verstummen. Das Recht wird nicht mehr gebeugt werden. Kurz: Der Prophet Jesaja kündet uns eine „heile" Welt an. Ach, es wäre ja so schön, wenn diese „heile Welt" endlich da wäre! Doch wir wissen um unsere so schwierige Welt! Und wir leiden an unserer ungerechten Welt; nicht nur wir Christen. Darum möchte ich eine etwas „andere Predigt" halten und mit dem Propheten ein Gespräch führen.

Lieber Jesaja,

darf ich Dich so anreden? Ich hoffe, dass Du mir diese Vertrautheit gestattest. Ich habe manche Fragen an Dich. Wo fange ich an? Am besten – so denke ich – dass ich mich Dir bekannt mache.

Mein Name ist unwichtig. Aber Du sollst wissen, dass ich über 2600 Jahre später als Du auf dieser Welt lebe. Das ist eine sehr lange Zeit. Doch Du musst es mir glauben: Die Welt ist zwar eine ganz andere geworden, als wie Du sie erlebt hast! Aber wir Menschen haben uns nicht verändert! Wie in Deiner Zeit kennen auch wir: Liebe und Hass; Aufopferung und Egoismus; Frieden und Krieg; Versöhnung und Streit; Recht und Ungerechtigkeit; Glauben und Unglauben! Da hat sich nichts geändert! Nichts!

Wir möchten glücklich und im Frieden leben. Zugleich besitzen wir aber Waffen, wo die Schwerter zu Deiner Zeit „Spielzeug" dagegen gewesen sind! Und Kriege werden immer noch geführt.

Aber ich muss Dir auch sagen, dass Du unsere Welt nicht wiedererkennen würdest! Im Kleinen und im Großen wurde sie erforscht, dass ich große Mühe hätte, Dir das alles zu erklären, was Du und Deine Zeitgenossen nicht wussten und nicht kennen konnten! Ein einziges Beispiel will ich Dir nennen: Menschen waren auf dem Mond! Wirklich – auf dem Mond! Das hättest Du nicht einmal in Deinen Träumen – oder sage ich richtiger – in Deinen Visionen vorausgesehen! „Vision" ist ein gutes Stichwort. Du hast eine „verwandelte Welt" gesehen. In Kürze – so sagst Du – soll diese „Verwandlung" geschehen.

Lieber Jesaja, Du wirst es schon ahnen! Ich muss Dir sagen, dass wir noch

heute, also 2600 Jahre später, auf diese „verwandelte" Welt warten! Deshalb will ich meine Fragen endlich los werden. Meine wichtigste Frage ist: Was lässt Dich so sicher sein, dass Taube hören und Blinde sehen werden, dass die Tyrannen machtlos und die Spötter sprachlos werden?
Du gibst die Hoffnung nicht auf! Ist das schon Deine Antwort? Ich verstehe Dich bestimmt richtig, dass Du die „Tauben" und die „Blinden" im übertragenen Sinn gemeint hast. Oder?
Auch wir sind oft „taub" und „blind" für die Dinge, die wir nicht sehen und nicht hören wollen! Du siehst anscheinend durch! Du hörst genau zu!
Ich könnte Dir viel von „Blinden" und „Tauben" bei uns berichten. Meine Zeitgenossen und ich sind ja keine Analphabeten, was zu Deiner Zeit die meisten Menschen waren! Wir sehen, wir lesen, wir hören vieles, sehr vieles, viel zu vieles. Wir verpassen kaum eine Sendung im Fernsehen. Das muss ich Dir erklären; denn Du kannst nicht ahnen, dass wir heute Bilder aus der ganzen Welt in's Haus gesendet bekommen! Aber so schnell, wie wir diese Bilder und Nachrichten sehen und hören, so schnell vergessen und verdrängen wir sie wieder. Denn oft sind die Nachrichten und Bilder aus aller Welt kaum auszuhalten! Es verhungern viele Menschen – nicht nur in Afrika! Und Tyrannen schießen auf Landsleute – nicht nur in Syrien! Ganze Wälder verschwinden – nicht nur am Amazonas! Das Recht wird verdreht – nicht nur in Diktaturen! Und die Zyniker – Du nennst sie die „Spötter" – machen über alles ihre Witze. Sie werden dafür sogar beklatscht und machen sich auf Kosten der Armen reich! Deshalb muss ich Dich noch einmal fragen: Warum soll – nach Deiner Vision – sich diese Welt verändern?
Lieber Jesaja, Du bist einer der Größten gewesen, die von Gott ergriffen wurden. Deine Berufung zum Propheten im Tempel zu Jerusalem, über die Du im 6. Kapitel Deines Buches berichtest, bereitet mir immer wieder eine „Gänsehaut"! Ein „Engel" berührte mit „glühenden Kohlen" Deine Lippen. Sie sollten „rein" sein; also kein falsches Zeug daherreden, sondern die Wahrheit

verkündigen. Du hast die „Herrlichkeit des Herrn" schauen dürfen! Ist das die Antwort auf meine Frage, was Dich hoffen lässt?
Gott befreit diese Welt! Gott erneuert diese Welt! Gott liebt diese Welt! Wolltest Du uns das sagen? Vieles war in Deiner damaligen Welt böse und nur schwer zu ertragen. Für unsere heutige Welt gilt das ebenso. Aber wir sollen diese „schwierige" Welt lieben, weil Gott sie liebt! Weil Gott uns liebt! Warum sollten wir uns dann vor der Zukunft fürchten? Wer den Glauben bewahrt, der bekommt einen „langen" Atem!
Und Verwandlungen – im Großen wie im Kleinen – geschehen meist im Verborgenen und entgegen aller Erwartung! Dafür möchte ich Dir ein Beispiel aus meiner jüngeren Vergangenheit erzählen:
Ich lebte in einem geteilten Land. Das war bei Dir ebenso. Allerdings hatten die Machthaber in meinem Teil des Landes die Grenzen zum anderen Teil des Landes durch Mauern und Stacheldraht hermetisch abgeriegelt. Familien – auch meine – wurden getrennt. Viele Versuche, diese Grenze doch zu überwinden, endeten sehr oft tödlich.
Das wird immer so bleiben, dachten die meisten. Wir richteten uns ein. Vielleicht war es bei Deinen Landsleuten, die in`s Exil nach Babel gebracht wurden, ähnlich? Auch sie richteten sich in der Fremde ein – oder? Ob sie an eine Rückkehr in die Heimat noch glaubten? Dann kam dieser Tag! Du hast ihn nicht mehr erlebt! Denn es waren über vierzig Jahre seit der Deportation vergangen!
Bei mir war es ähnlich. Über vierzig Jahre blieb die Trennung meines Landes bestehen. Doch dann kam endlich der Tag, wo die „Mauer" fiel! Bald danach wurde mein Land wieder vereint. Ich hatte nie damit gerechnet, dass ich das jemals erleben würde!
Du – lieber Jesaja – solltest die „große Umwandlung" im Namen Gottes ansagen. „Dennoch" – sagt der Glaubende! Und zu diesem „dennoch" wolltest Du Mut machen. Du sagst ja: „Die Armen sollen sich freuen und die Elen-

den fröhlich werden."

Der Glaube ist ein mutiges und ein trotziges Gegenhalten, gegen alle bösen Erfahrungen in dieser Welt!

Ja, Gott will die neue Welt! Doch dazu ist nicht nur der „lange Atem" nötig. Gott selbst muss die „große Verwandlung" bewirken. Unsere Arme sind für das Elend und das Böse in der Welt viel zu kurz. Den „großen Schritt" macht Gott!

Aber für unsere „kleinen Schritte" – verstehe ich Dich recht (?) – kann und will Gott uns schon gebrauchen! Wenn Elende im Elend bleiben und Arme nicht fröhlich werden, wenn die Natur zerstört und sinnlose Kriege geführt werden, könnte das nicht auch an uns liegen? Wir wollen Gott bitten, dass er uns die Geduld und die Kraft für die „kleinen Schritte" zu einer besseren Welt gibt.

Amen.

Predigt am 13. Sonntag nach Trinitatis

Lukas 10, 25 – 37

Der Text:

Ein Schriftgelehrter stand auf, stellte Jesus auf die Probe und fragte ihn: „Meister, was muss ich tun, dass ich das ewige Leben erbe?" Er aber sagte zu ihm: „Was steht im Gesetz geschrieben? Was liest du da?" Er antwortete: „Du sollst den Herrn, deinen Gott, lieben mit ganzem Herzen, mit ganzer Seele, mit all deiner Kraft und mit all deinem Verstand. Und deinen Nächsten wie dich selbst." Jesus sagte zu ihm: „Du hast richtig geantwortet; tue das, so wirst du leben."
Er aber wollte sich selbst rechtfertigen und sagte zu Jesus: „Wer ist mein Nächster?"
Da erwiderte Jesus: „Ein Mann ging von Jerusalem hinab nach Jericho und fiel unter die Räuber. Die zogen ihn aus, schlugen ihn und ließen ihn halbtot liegen. Es traf sich aber, dass ein Priester die Straße hinabzog; und als er ihn sah, ging er vorüber. Ebenso kam auch ein Levit zu der Stelle, und als er ihn sah, ging er vorüber. Ein Samaritaner aber, der auf der Reise war, kam dahin; und als er ihn sah, hatte er Erbarmen, ging zu ihm, goss Öl und Wein auf seine Wunden und verband sie. Er hob ihn auf sein Tier, brachte ihn in eine Herberge und pflegte ihn. Am nächsten Tag zog er zwei Silbergroschen heraus, gab sie dem Wirt und sagte:„Pflege ihn; und wenn du etwas mehr ausgibst, will ich dir´s bezahlen, wenn ich wiederkomme."
Wer von diesen dreien, meinst du, ist dem zum Nächsten geworden, der unter die Räuber gefallen war?"
Er antwortete: „Der die Barmherzigkeit an ihm getan hat." Da sagte Jesus zu

ihm: „Geh hin und mach es ebenso".

Liebe Gemeinde,

in einer Meditation zu diesem Text schrieb ein Theologe seufzend diesen Satz: „Diese Geschichte ist zu bekannt! Jeder kennt sie. Selbst viele Nichtchristen!" Doch Jesu Gleichnis vom „Barmherzigen Samariter" hat bis heute auch eine große Nachwirkung! Ich nenne nur den ASB – den Arbeiter-Samariter-Bund – der auch heute im Dienst der Nächstenliebe, der Hilfe und Barmherzigkeit unverzichtbar ist!
Doch diese Geschichte ist wirklich zu bekannt! Sie regt nicht mehr auf! Sie findet Zustimmung – und bleibt doch oft ohne Wirkung.
Deshalb möchte ich – wieder einmal – „anders predigen". Ich erteile dem Schriftgelehrten, der Jesus „auf die Probe" stellt, das Wort. So könnte er zu uns reden:
„Ja, dieser Jesus beeindruckt mich schon. Wie er von Gott redet, ist neu. Aber oft auch unerhört. Ich weiß, dass wir Schriftgelehrten und auch die Pharisäer bei ihm nicht im besten Ruf stehen. Wir seien in Glaubensfragen zu spitzfindig, gelegentlich auch hochmütig und oft rechthaberisch. Aber das will ich doch offen bekennen: Wir – die Schriftgelehrten und Pharisäer – ich könnte auch sagen, wir Frommen – wir bemühen uns redlich um das „ewige Leben"! Darum ist Jesus ja auch für uns so interessant. Kann er uns vielleicht einen leichteren Weg zum „ewiges Leben" zeigen?
Wir haben die Thora, das Gesetz des Mose. Sie will und sie soll uns den „Weg in den Himmel" zeigen. Doch die Thora zu erfüllen, das ist nicht leicht. Jeder Fromme weiß das. Deshalb stellte ich Jesus die für mich so wichtige Frage: „Was muss ich tun, um das ewige Leben zu erben?"
Womit ich nun überhaupt nicht gerechnet hatte: Jesus stellte mir eine Gegenfrage! Und er verwies mich auf die Thora! Die kannte ich doch bestens! Was

dort über das ewige Leben geschrieben steht, das wusste ich genau: „Du sollst Gott lieben mit ganzem Herzen, mit ganzer Seele, mit all' deiner Kraft, mit deinem Verstand und deinen Nächsten wie dich selbst". Ja, ich antwortete auf seine Frage wie „aus der Pistole geschossen"! Lehrbuchreif! Und Jesus war einverstanden mit meiner Antwort: „Du hast richtig geantwortet. Tue das, so wirst du leben."

Also kein neuer, kein leichterer Weg zum Himmel? Ich wollte mich damit nicht zufrieden geben. Gott über alles zu lieben, das allein ist schwer genug. Nicht ohne Grund steht dieses Gebot an erster Stelle in der Thora!

Aber wer ist der Mensch, wer ist mein Nächster, den ich ebenso lieben soll? Auf meine Frage erzählte Jesus eine Geschichte. Ja, Geschichten erzählen, das kann er! Es war eine – wie soll ich sagen – „verwirrende" Geschichte. Ständig war vom Kommen und vom Gehen die Rede!

Ein Mann geht hinab nach Jericho. Die Räuber, die ihn überfallen, machen sich davon. Ein Priester geht auch hinab – und er geht vorüber! Ein Levit kommt ebenfalls vorbei – und geht weiter seinen Weg. Ein Samaritaner kommt – doch der geht zu dem Halbtoten hin.

Weggehen – hingehen – Distanz – Nähe.

Ich war ganz verwirrt. Wirklich: Eine verwirrende Geschichte! Wer war hier Freund? Wer war hier Feind? Wie die Räuber machen sich der Priester und der Levit davon! Doch der Samariter – die Samaritaner sind wahrlich keine Freunde von uns rechtgläubigen Juden; denn seit Jahrhunderten gibt es eine unüberbrückbare Feindschaft zwischen uns – doch der Samariter wird zum Freund! Was hatte diese Geschichte mit dem „ewigen Leben" zu tun? Meine Frage war doch: „Wen soll ich lieben wie Gott"?

Für mich galt: Du sollst den Bundesgenossen lieben und den Feind hassen. Soll ich denn jeden Menschen lieben? Es muss doch eine Grenze geben! Die wollte ich von Jesus aufgezeigt bekommen. Da erzählt er diese „verwirrende" Geschichte! Ich sagte es schon.

Der Samaritaner, der kein Bundesgenosse ist, handelt bundesgemäß. Der Priester und der Levit dagegen, die doch Bundesgenossen sind, verhalten sich nicht bundesgemäß. Begründet Jesus einen neuen Bund? Nicht die göttliche Erwählung, aber auch keine konfessionellen Merkmale bestimmen und begrenzen den „Gottesbund", sondern allein, wer sich nach diesem Bund verhält. Wollte mir das Jesus sagen?

Zuletzt fragte er mich: „Wer von diesen dreien – meinst Du – ist dem zum Nächsten geworden, der unter die Räuber gefallen war?" Keine Frage! Meine Antwort hätte lauten müssen: „Der Samaritaner!" Ich brachte es aber nicht über meine Lippen. Zu tief saß die Feindschaft in meinem Herzen gegenüber den Samaritanern, diesen Abtrünnigen! Deshalb sagte ich zu Jesus: „Der die Barmherzigkeit an ihm getan hat."

Ich wollte die Grenze wissen – doch Jesus sagte: „Grenzenlos!" Den Bundesgenossen wollte ich lieben, doch Jesus sagte: „Der neue Bund ist die Barmherzigkeit allen gegenüber."

Ich wollte einen neuen Weg – vielleicht sogar einen leichteren Weg – zum „ewigen Leben" von Jesus erfahren. Doch er sagte schlicht und einfach: „Überwinde deine Vorurteile! Sieh` auch in Deinem „Feind" den Nächsten." Denn wer sich von Gott geliebt weiß, der wird auch fähig, den „Feind" zu lieben. Die Liebe zum Nächsten ist nie theoretisch! Die Liebe zum Nächsten hat immer ein Gesicht! Das Gesicht des Menschen, der mich braucht. Wollte Jesus das mit dieser „verwirrenden" Geschichte sagen?

Amen.

Predigt am 14. Sonntag nach Trinitatis

Markus 1, 40 – 45

Der Text:

Ein Aussätziger kam zu Jesus und bat ihn um Hilfe. Er fiel vor ihm auf die Knie und sagte: „Wenn Du willst, kannst Du machen, dass ich rein werde." Jesus hatte Mitleid mit ihm. Er streckte die Hand aus, berührte ihn und sprach: „Ich will es. Werde rein!."
Im gleichen Augenblick verschwand der Aussatz, und der Mann war rein. Jesus schickte ihn weg und schärfte ihm ein: „Nimm Dich in acht! Erzähle niemand etwas davon, sondern geh`, zeig Dich dem Priester (Lev.13,49) und bring` das Reinigungsopfer dar, das Mose angeordnet hat. Das soll für sie ein meiner Beweis Gesetzestreue sein."
Der Mann aber ging weg und erzählte bei jeder Gelegenheit, so dass sich Jesus in keiner Stadt mehr zeigen konnte. Er hielt sich nur noch außerhalb der Städte an einsamen Orten auf. Dennoch kamen die Leute von überall her zu ihm.

Liebe Gemeinde,

der Predigttext wirft bei mir viele Fragen auf. Darum möchte ich sie an den „Urheber" dieses Berichtes stellen. Mein „Gespräch" mit dem Evangelisten Markus sieht so aus:
Lieber Markus,
Du bist der erste, der einen Bericht über das Leben und Wirken Jesu schreibt. Ein „Evangelium" – eine „gute Nachricht" – willst Du mit Deinem Be-

richt bezeugen. Doch: Wo erkenne ich die „gute Nachricht" in der Heilung des Aussätzigen durch Jesus?

Natürlich: Ein Wunder ist geschehen. Das ist doch wahrlich eine gute Nachricht! Aber ich stoße auf Widersprüche in Deinem Bericht. Denn Du schreibst: „Als der Aussätzige zu Jesus kam, jammerte es ihn." Doch in anderen Handschriften lautet dieser Satz: „Jesus erzürnte."

Wie passt das zusammen: Erbarmen und Zorn? Ich will annehmen, dass die späteren Abschreiber Deines Berichtes mit dem „Zorn Jesu" Ihre Probleme hatten. Deshalb veränderten sie den Zorn Jesu in sein Erbarmen. Wird es so gewesen sein?

Aber das ist nicht die einzige Frage, die ich an Deinen Bericht stellen will! Als der Aussätzige geheilt worden ist, berichtest Du: „Und Jesus bedrohte ihn und trieb ihn alsbald von sich." „Hau ab!" – sagte Jesus zu dem Geheilten – etwas weniger vornehm ausgedrückt. Welche Chance vergibt Jesus!

Nicht nur zu Deiner Zeit waren die Menschen wundergläubig! Ich könnte Dir viel darüber erzählen, wie auch heute, in unserer aufgeklärten Zeit, Menschen auf Sensationen und Wunder erpicht sind. Warum sollte der Geheilte schweigen? Warum sollte er nicht allen erzählen, was mit ihm geschehen ist? Er tut es ja doch!

Ja, mit dem Schweigegebot an den Geheilten habe ich Probleme. Jesus sagt zum Geheilten: „Geh hin und zeige Dich dem Priester, und opfere, was Mose geboten hat, ihnen zum Zeugnis."

Was gilt denn: „Schweigen" oder „Zeugnis geben"? Lieber Markus, was willst Du uns mit diesem Bericht sagen? Meinst Du etwa unser Verhalten zu Kranken, zu Behinderten und zu Außenseitern?

Auch in unserer Zeit haben es diese Menschen schwer. Zu Deiner Zeit hieß es sogar: „Vier werden – obwohl lebendig – zu den Toten gerechnet: Der Arme, der Blinde, der Kinderlose und der Aussätzige." Sie waren lebendig – und doch wie bereits gestorben!

Ja, auch wir haben oft Berührungsängste vor Krebskranken und Rollstuhlfahrern vor Ausländern und „Pennern"...! Warum ist das so? Jesus ist darüber zornig! Ich beginne, Jesu Zorn zu verstehen. Morgen, ach was, schon heute kann ein schlimmes Schicksal auch uns, auch mich, treffen! Das Hochwasser, der Verkehrsunfall, die Diagnose des Arztes: Krebs...

Wie verlegen, wie hilflos, wie stumm sind wir dann! Es fehlen uns nicht nur die Kräfte, helfen zu können. Es fehlen uns schlicht die Worte. Wie banal klingt unser: Herzliches Mitleid. Unser Leben geht ja weiter, als hätte es die Katastrophe, das Unglück oder den Arztbefund nie gegeben. Wir Gesunden fühlen uns so sicher, so überlegen!

Doch – Gott sei Dank – ein Übel Deiner Zeit gibt es heute nicht mehr. Zu Deiner Zeit war jeder Kranke und Behinderte, besonders der Aussätzige, unrein. Das „Heilige", den Tempel, durften die Unreinen nicht betreten. Die Aussätzigen wurden „ausgesondert". Sie wurden in ein „Ghetto" abgeschoben. Denn das „Gottesvolk" sollte ein reines Volk sein! Gott sollte mit „Unreinen" nichts zu tun haben. Der Kontakt der Gesunden mit Aussätzigen war zudem gefährlich. Man konnte sich anstecken! Dann wurde man selbst „unrein"!

Willst Du – lieber Markus – uns sagen: Jesus ging bewusst das Risiko der Ansteckung und der „Unreinheit" ein? Er will seine Nähe auch ihnen, den Unreinen, erweisen?

Der Kranke sagt zu Jesus: „Wenn du willst, so kannst du mich reinigen." Ob er erkannt hatte: Nicht ob Jesus kann, sondern ob er will, ist die Frage! Ein „Heiland", der nicht heilen will, ist doch kein „Heiland" – oder? Doch warum betonst Du so sehr das Schweigegebot, das Jesus dem Geheilten erteilte? – Der große deutscher Dichter Johann Wolfgang von Goethe – vielleicht ist er sogar unser größter Dichter (?) – lässt im „Faust", seinem großartigen Werk, den Faust sagen: „Das Wunder ist des Glaubens liebstes Kind." Ob er recht hat? Nach Deinem Bericht will Jesus ja gerade keinen Wunderglauben! Er will mehr als eine „heile Haut"! Der Geheilte sollte sich den Priestern zeigen. Sie waren zuständig für „rein" oder „unrein"! Sie hatten zu entscheiden, wer in das „Heilige", in den Tempel, kommen durfte und wer nicht. Der Geheilte darf sich wieder Gott nahen. Er hat Gottes wunderbare Hilfe erfahren. Nun soll er auch am Ort, wo Gottes Ehre wohnt, Gott die Ehre geben. Er soll das Wunder nicht erklären, er soll im Wunder, das an ihm geschehen ist, Gott erkennen.

Willst Du uns sagen: „Seele, vergiss nicht, was ER dir Gutes getan hat"? Mir ist weiter aufgefallen, dass weder bei Dir, noch bei den anderen Evangelisten, kein einziger Satz den Segen der Krankheit preist! Nein, vom „Segen" der Krankheit lese ich kein Wort! Wohl aber davon, dass sich Gott als Herr und Heiland auch über die Krankheit erweisen will.

Im „Rückblick" auf ihr Leben haben viele Gläubige auch ihre schweren Zeiten als „gesegnete Zeiten" erkannt. Aber das ist eine Erfahrung des Glaubens und nicht des Verstandes.

Nun sind – lieber Markus – meine Fragen geklärt. Was ich mir merken will: Wie Jesus keine Berührungsängste mit „Unreinen" hatte, so sollen auch wir keine solchen Ängste haben. Herr – hilf uns dazu!

Als Bote „guter Nachrichten" wolltest Du sagen: Jesus ist Sieger. Er bringt uns in die Nähe Gottes. Aber noch einmal, er will viel mehr, als eine gute Gesundheit.

Doch sehe ich das auch richtig, wenn Du uns sagst: Wer sich mit „Unreinen" und mit „Außenseitern" einlässt, wird es schwer haben? Du berichtest kurz nach diesem Bericht, dass die Auseinandersetzungen Jesu mit seinen „Gegnern" beginnen. Sie wollen ihn „auf's Kreuz legen". Und sie werden am Karfreitag ihr Ziel erreichen! Noch als Jesus am Kreuz mit dem Tode ringt, spotten seine Gegner: „Anderen hat er geholfen, und sich selbst kann er nicht helfen."

Ich erkannte weiter: Du – lieber Markus – willst ein Zeugnis geben. Doch

„Zeugnis des Glaubens" heißt bei Dir immer zugleich: „Geheimnis des Glaubens"! Weder die „Neugier" noch das „Wunder" wecken Glauben! Aber das Vertrauen, wie es der Aussätzige zu Jesus hatte!

Ein Letztes fiel mir an Deinem Bericht auf. War es ein Zufall? Der Geheilte bewegt sich wieder wie selbstverständlich unter den Menschen in seiner neu gewonnenen Gemeinschaft. Du aber schließt Deinen Bericht mit den Worten: „ Er – Jesus – war draußen an einem einsamen Ort." Jesus will Gemeinschaft mit uns. Er bringt uns in die Gemeinschaft zurück, wenn wir sie aus eigener Schuld oder auch schuldlos verloren haben.

Doch er bleibt allein und einsam. Wolltest Du uns das auch sagen?

Amen.

14. Sonntag nach Trinitatis

1. Mose 28, 10 - 22

Der Text:

Jakob zog aus von Beerscheba und machte sich auf den Weg nach Haran und kam an eine Stätte, da blieb er über Nacht; denn die Sonne war untergegangen. Und er nahm einen Stein von der Stätte und legte ihn zu seinen Häuptern und legte sich an dieser Stätte schlafen. Und ihm träumte, und siehe, eine Leiter stand auf Erden, die rührte mit der Spitze an den Himmel, und siehe, die Engel Gottes stiegen daran auf und nieder.
Und der Herr stand oben darauf und sprach: Ich bin der Herr, der Gott deines Vaters Abraham und Isaaks Gott; das Land darauf du liegst, will ich dir und deinen Nachkommen geben. Und siehe, ich bin mit dir und will dich behüten, wo du hinziehst, und ich will dich wieder herbringen in dies Land. Denn ich will dich nicht verlassen, bis ich alles tue, was ich dir zugesagt habe.
Als nun Jakob von seinem Schlaf erwachte, sprach er: Fürwahr, der Herr ist an dieser Stätte, und ich wusste es nicht! Und er fürchtete sich und sprach: Wie heilig ist diese Stätte! Hier ist nichts anderes als Gottes Haus, und hier ist die Pforte des Himmels.
Und Jakob stand früh am Morgen auf und nahm den Stein, den er zu seinen Häuptern gelegt hatte, und richtete ihn auf zu einem Steinmal und goss Öl oben darauf und nannte die Stätte Bethel; vorher hieß aber die Stadt Lus.

Liebe Gemeinde,

können „Steine reden"? So wird es immer wieder behauptet. Bis heute. Auch Jesus hat einmal gesagt: „Ich sage euch: Wenn ihr – und damit meinte er seine Jünger (!) – zu Unrecht und Gewalt schweigt, werden die Steine schreien." (Lukas 19, 40) Ja – Steine können reden! Doch weil wir die „Stimme der Steine" nur schwer verstehen können, soll in dieser Predigt einer das Wort bekommen, um uns seine „Steingeschichte" zu erzählen.

Ich heiße Jakob.

Warum gaben mir meine Eltern ausgerechnet diesen Namen? Übersetzt heißt er: Der „Lügner" oder: Der „Listenreiche". Ist das ein guter Name? Na ja, mein „Köpfchen" hat mich – zum Glück – nie im Stich gelassen. Doch der Reihe nach. Sie wollten doch meine Geschichte mit dem Stein erfahren.

Ich schlief einmal auf einem Stein. Er war mein Kopfkissen in einer unvergesslichen Nacht. Es gibt bequemere Kopfkissen, als einen Stein. Gewiss! Ich hatte in dieser Nacht auch einen merkwürdigen Traum.

Nein, es war kein „Alptraum", wie er bei einer so harten Unterlage und bei einer so verworrenen Geschichte, die ich gerade hinter mich gebracht hatte, zu erwarten gewesen wäre. Doch ich eile schon wieder voraus.

Ich bin Jakob und habe einen Bruder. Er heißt Esau. Dieser Name bedeutet: Der „Rohe" oder auch: Der „Behaarte". Ja, er war später tatsächlich behaart wie ein Affe.

Als unser Vater – er hieß übrigens: Isaak – im Alter fast vollständig blind geworden war, konnte er uns beide – seine Söhne – nur am Haarwuchs des „Großen", des Älteren, unterscheiden. Esau war übrigens sein Liebling! Doch ich will mich nicht beschweren. Ich war dafür der Liebling unserer Mutter. Sie hieß Rebecca. Wir sind Zwillinge. Aber Esau war vor mir zur Welt gekommen; auch wenn es nur wenige Minuten gewesen waren. Und er hat immer großen Wert darauf gelegt, der „Erstgeborene" zu sein! Der „Erstgeborene"! Wie das schon klingt!

Doch einmal kam er, der ein Jäger geworden war, mit einem „Mordshunger" nach Hause. Auf dem Herd stand eine köstlich duftende Linsensuppe. Er wollte sich schon darüber hermachen! Aber mein „Köpfchen" sagte mir: Jetzt ist deine Stunde gekommen! Gib deinem Bruder die Suppe nur, wenn er darauf verzichtet, der „Erstgeborene" zu sein. Und er verzichtete auf sein Vorrecht! Welchen „Kohldampf" hatte er, der ihn so großzügig stimmte?! Einer Linsensuppe wegen verzichtet man doch nicht auf sein „Erstgeburtsrecht"! – Er hatte seinen Verzicht gewiss bald vergessen. Er war satt geworden. Und wer „satt" geworden ist, kümmert sich doch nicht um sein „Gerede" von gestern! Ich aber vergaß seinen Verzicht nicht!

Als unser Vater spürte, dass sein Leben wohl bald zu Ende gehen würde, wollte er den väterlichen Segen an Esau – dem Erstgeborenen – weiter geben. So ist es bei uns Sitte. Aber ich – ich – wollte Vaters Segen. Meine Mutter half mir dabei. Vor dem Empfang des Segens sollte Esau dem Vater eine Freude machen. Er wünschte sich vom „Jäger" ein schönes Wildbret. Esau zog los. –

Da band mir meine Mutter ein Ziegenfell an die Arme. Die Arme meines Bruders waren ja fast so dicht behaart wie bei einer Ziege. Ich konnte natürlich nur einen Lammbraten dem Vater vorsetzen. Er merkte es nicht. Er wunderte sich nur, dass Esau dieses Mal so schnell „einen Bock geschossen" hatte. So zeitig war er selten von der Jagd zurück gekommen!

Mein Vater berührte meine Arme, die durch die Ziegenfällen sehr behaart waren. Er war sich sicher: Ich war „sein" Esau! Er erteilte mir seinen Segen. Ich hatte mein Ziel erreicht!

Wenig später kam Esau nach Hause. Er stürmte in das Zelt des Vaters. Er wollte jetzt den Segen! Doch unser Vater war ganz verwirrt. Es war nicht wegen seiner Blindheit. Er hatte doch eben seinen Segen erteilt! Zweimal ging das nicht. Das sagte er zu Esau. Der konnte sich „seinen Teil" jetzt denken.

Er wollte sich wutentbrannt auf mich stürzen. Ihm war klar geworden, dass ich, sein „listenreicher" Bruder, ihm den väterlichen Segen gestohlen hatte. Wer sonst? Er hätte mich auf der Stelle umgebracht.

Aber ich war ja verschwunden. Im letzten Moment! Meine Mutter hatte es geahnt. Sie schickte mich mit den Worten fort: „Geh` zu meinem Bruder, deinem Onkel Laban, nach Haran, bis sich Esaus Zorn wieder gelegt hat. Dort bist du in Sicherheit".

Ich hatte nichts, buchstäblich nichts, was ich auf dem Weg zu meinem Onkel hätte mitnehmen können. Mit leeren Händen würde ich bei ihm ankommen. Der Weg dorthin war weit. Es wurde dunkel. Die Nacht kündigte sich an. Und ich war mutterseelenallein! Und das in der Wüste!

Die anbrechende Dunkelheit wurde mir zum Gleichnis. So dunkel war es auch in mir. Ich hatte den Vater betrogen. Würde ich ihn, der seinen baldigen Tod gespürt hatte, jemals wieder sehen? Ich werde ihn nie mehr um Vergebung bitten können! Diese Schuld würde für immer auf mir lasten. Ich hatte auch meinen Bruder betrogen. Wie sollte ich ihm jemals wieder „unter die Augen" treten? Ich hatte Angst vor ihm. Ich ging in eine ungewisse Zukunft. – Dabei sollte doch der „Segen" gleichsam der „Garant" meiner Zukunft sein! Langes Leben, Glück, Wohlstand und Gesundheit! Alles, was man sich eben unter „Segen" vorstellt. Doch ich hatte nichts! Gar nichts! Nicht einmal das väterliche Erbe würde ich antreten können. Wenn auch Esau auf den Segen verzichten musste; auf das Erbteil nicht! Ich war ja nicht mehr da!

Doch ich wollte nicht länger darüber nachdenken. Ich war müde. Ich war am Ende meiner Kräfte. Ich musste sehen, wie ich zur Ruhe kommen könnte. Ich baute Steine um mein Lager herum auf. In der Nacht könnten ja wilde Tiere kommen! Ein wenig Schutz boten diese Steine schon. Auf einem davon legte ich mich nieder. Ich war todmüde!

Da träumte ich einen wunderbaren Traum. Ich habe ihn bis heute nicht vergessen. Ich werde ihn nie vergessen! Meinen Kindern und Enkelkindern habe ich so oft davon erzählen müssen. Immer wieder fragten sie mich: „Vater Jakob, warum gehen wir immer wieder nach Bethel, um dort Gott zu opfern?" – Ja, das ist eigentlich schon meine „Steingeschichte". Ich träumte von einer Leiter, die von der Erde bis zum Himmel reichte. Auf der Leiter sah ich Engel. Sie sind Boten Gottes. Welche „Botschaft" wollten sie mir mitteilen? Denn ich hörte sogar eine Stimme: „Ich bin der Gott deiner Väter. Ich bin dein Gott. Ich will dich wieder hierher zurückbringen. Ich werde mit dir sein."

Mit mir? Mit einem Betrüger? Für mich sollte der Himmel „offen" sein? Hatte ich mit meinem Betrug denn nicht den „Himmel" verspielt? Ich hätte Gottes Zorn und seine Strafe verdient! Warum dieser Traum? Sollte er mich trösten?

Ich will Sie nicht mit meiner Lebensgeschichte langweilen. Doch das sollten Sie noch wissen. Ich kam beim Onkel an. Er nahm mich gern auf. Aber ich musste für ihn schuften. Er behandelte mich nicht wie einen Verwandten, eher wie einen Sklaven. Ich war aber auch gern bereit, alles für ihn zu tun, um seine hübsche Tochter Rahel zur Frau zu bekommen. Sieben Jahre lang sollte ich dafür umsonst für Onkel Laban arbeiten. Ich tat es gern! Doch dann bekam ich nicht die schöne Rahel zur Frau, sondern ihre ganz und gar nicht hübsche Schwester Lea. Mein Onkel hatte mich schändlich betrogen! Mich, den „Betrüger", den „Listenreichen"! Er sagte nur: „Kein Problem! Wenn du weitere sieben Jahre umsonst für mich arbeitest, sollst du die Rahel bekommen." Wieder nahm ich alles in Kauf! Ich bekam sie!

Aber das Schwerste stand mir noch bevor. Irgendwann, irgendwie würde ich meinem Bruder Esau gegenüber stehen müssen. Werden die vielen Jahre, die seit meiner Flucht zum Onkel vergangen waren, seinen Zorn auf mich gemildert haben? Ob er mich noch immer umbringen wollte? Denn mein Platz beim Onkel Laban wurde eng. Sehr eng! Ich musste gehen. Ich kam an Esau nicht vorbei. Würde der Himmel weiter „offen" für mich sein? So, wie ich es in dieser denkwürdigen Nacht auf dem Stein geträumt hatte? Galt der Segen immer noch?

Es ist zwar schon eine weitere Geschichte, wenn ich über meine Begegnung mit Esau am Jabokfluss berichten soll. Aber das muss ich doch noch sagen: In der Nacht vor dem Treffen mit Esau musste ich einen Kampf bestehen. Ich weiß es bis heute nicht, wer mein „Gegner" war! Ob es ein Dämon war? Oder war es ein Engel? Weil mein „Gegner" übermächtig war, schrie ich verzweifelt: „Ich lasse dich nicht, du segnest mich denn!" Hatte ich denn nicht den väterlichen Segen bekommen? Hatte der Traum auf dem Stein mir nicht Zukunft und Segen verheißen? Warum kämpfte ich immer noch um den Segen?

Der Kampf am Jabokfluss endete nicht mit einem Sieg. Aber auch nicht mit einer Niederlage. Doch seit diesem Kampf habe ich einen Schaden an meiner Hüfte. Ich hinke. Lange Wege verursachen mir Schmerzen. Sind es die „Schmerzen" der Lüge und des Betrugs? Sind aber die „Schmerzen" nicht auch ein sicheres Zeichen, ein spürbares Zeichen – im wahrsten Sinn des Wortes – dass Gottes Segen weiter gilt? Ich glaube es. Ich weiß es ganz gewiss! Deshalb gehen meine Kinder, Enkelkinder und ich immer wieder nach Bethel. „Haus Gottes" bedeutet dieser Name, den ich den Steinen, auf denen ich schlief, damals gab. Die Steine haben zu mir geredet.

Ja – Gott ist mir bei diesen Steinen begegnet. Unerwartet und unverdient. Aber gnädig und tröstlich. Ein heiliger Ort. Eben: „Bethel" – „Haus Gottes"!

Und wenn Sie unerwartet und unverdient Gottes Segen in Ihrem Leben erfahren durften, dann wollte meine „Steingeschichte" bezeugen: Segen kann man nicht erben. Segen kann man nicht verdienen. Auf Segen hat man kein „Anrecht". Segen ist und bleibt immer ein Geschenk. Segen ist immer Gnade. Trotz Schuld. Ich habe es erfahren.

Aber auch das habe ich in der Nacht auf dem Stein gelernt: Segen ist kein „Freibrief", kein „Talisman" und kein „Besitz". Segen will uns mit Gott fest verbinden. Im Glück und im Unglück, im Erfolg und in den Niederlagen, in guten und in schweren Zeiten. Für immer! Weil selbst unsere Schuld uns

nicht mehr von Gott trennen kann.
Amen.

16. Sonntag nach Trinitatis

Hebräer 10, 35 und 36

Der Text:

„Darum werfet euer Vertrauen nicht weg, welches eine große Belohnung hat. Geduld aber ist euch not, auf das ihr den Willen Gottes tut und das Verheißene empfanget."

Liebe Gemeinde,

über das Vertrauen ist zu predigen. Die beiden Verse aus dem 10. Kapitel des Hebräerbriefes fordern uns – in fast beschwörendem Ton – auf, das Vertrauen nicht wie einen unnötigen Ballast wegzuwerfen. Denn was man wegwirft, hat keinen Wert mehr. Es ist nur noch „Müll"!
Ein uns unbekannt gebliebener Verfasser schreibt um 90 nach Christus diesen Brief an „müde" gewordenen Christen. Eigentlich ist der Hebräerbrief gar kein „richtiger" Brief. Er ist eine Predigt! Dieser unbekannte Verfasser beschreibt das Mysterium, das Geheimnis, des „Christusopfers". Er vergleicht es mit der Opferpraxis des alten jüdischen Gottesvolkes.
Weil Jesus Christus das vollkommene, das nicht zu überbietende Opfer erbracht hat, um Gott und die Welt zu versöhnen, darum ermahnt er seine Leser, am Bekenntnis zu Christus und an der Hoffnung auf die Wiederkunft Christi unbedingt festzuhalten.
Ich habe aber einige Fragen an den Verfasser und würde deshalb gern ein „Gespräch" mit ihm führen. Das würde ich zu ihm sagen:
Lieber unbekannter Tröster,

so muss ich Dich anreden; denn ich kenne Deinen Namen nicht. Du verrätst ihn in Deinem Brief nicht. – Aber Dein Name ist wohl auch nicht so wichtig. Es geht Dir um die Sache und nicht um Deine Person. Ich hätte von Dir auch gern erfahren, wem Du diesen Brief – diese Predigt – schreibst? „An die Hebräer" – so ist Dein Brief überschrieben. Wohl deshalb, weil Du so ausführlich den Unterschied zwischen dem alttestamentlichen und dem neutestamentlichen Gottesglauben beschreibst.

Deine ersten Leser müssen die Geschichte Israels gut gekannt haben. Wie hätten sie sonst die „Wolke der Zeugen", von der Du im 11. Kapitel Deines Briefes berichtest, verstehen können? Du erinnerst sie an Abel und Henoch, an Noah und Abraham, an Jakob und Mose, an Gideon und sogar an die Hure Rahab! Wer kannte diese „Zeugen", wenn nicht die Juden? – An „müde" gewordenen Christen, die vor ihrer Taufe im jüdischen Glauben „zu Hause" waren, schreibst Du.

Wir meinen oft, dass es nur jetzt, also in unserer Zeit, „müde" Christen gäbe! Zu Deiner Zeit gab es doch keine Atheisten! An einen Gott oder auch an viele Götter zugleich glaubten doch damals alle Menschen! Alle – ohne Ausnahme! Warum gab es schon zu Deiner Zeit „müde" gewordene Christen?

Ich möchte Dir von unserer Müdigkeit im Glauben berichten. Fast 2000 Jahre sind seit Deiner Zeit vergangen. Es ist eine sehr lange Zeit! Wir kennen heute die Welt viel besser, als sie damals erforscht worden war. Doch wie sehr auch die Erkenntnis unserer Welt zunahm, so sehr ging die Erkenntnis Gottes verloren. Heute bleibt bei vielen Zeitgenossen für Gott nur noch der Platz des „Lückenbüßers" übrig. Weißt Du, ein „Lückenbüßer" ist so lange ganz gut, so lange man keine einleuchtenden Erklärungen für die vielen Rätsel dieser Welt gefunden hat. Aber dieser „Lückenbüßer" wird dann nicht mehr gebraucht, wenn die Rätsel gelöst werden konnten! „Naturwissenschaft kontra Glaube" – dieser „Streit" macht seit gut 300 Jahren unserem Glauben große Mühe. Für viele Zeitgenossen ist Gott tot und der Glaube an ihn überflüssig, wie der

„Müll", der weggeworfen wird!

Lieber unbekannter Tröster, über einen weiteren Grund unserer Müdigkeit muss ich Dir auch noch berichten. Jesus Christus versprach, bald „in Herrlichkeit" wieder zu kommen. Schon Du und die „müde" gewordenen Christen haben ungeduldig auf diese „Wiederkunft" gewartet!

Wir warten heute immer noch! Warten wir umsonst? Wenn sich der Glaube nicht mehr lohnt, wenn er – wie Du es mit Deinen Worten sagst – keine große Belohnung hat; warum sollen Menschen dann „glauben"?

Die Menschen, die heute ohne Gott leben, vermissen Gott überhaupt nicht! Deshalb frage ich Dich noch einmal: Warum sollen wir das Vertrauen nicht wegwerfen?

Mir fällt ein Ereignis aus dem Jahr 1983 ein. Vom 07. bis zum 10. Juli 1983 feierten wir in meinem Land – meinem damaligen Land muss ich richtiger sagen – einen großartigen Kirchentag. Sein Thema lautete: „Vertrauen wagen, damit wir leben können."

Mir kommt es vor, als sei dieses „fröhliche Fest des Glaubens" erst gestern gewesen! Viele Erinnerungen daran habe ich bis heute aufbewahrt! So habe ich auch noch das Plakat, welches im Wettbewerb unter vielen guten Entwürfen den ersten Platz zugesprochen bekam. Es zeigt auf dunklem Hintergrund einen fröhlich pfeifenden Vogel, der sein Lied auf einem Starkstromkabel singt.

Ja, „der Glaube ist wie ein Vogel, der fröhlich singt, auch wenn die Nacht noch dunkel ist!"

Und beim Abschlussgottesdienst dieses Kirchentages, der im Freien stattfinden musste, weil so viele Menschen gekommen waren, ließ ein Vater seine damals siebenjährige Tochter eine über zwölf Meter hohe Wand erklimmen. Das Mädchen hatte Vertrauen! „Mein Vater lässt mich doch nicht fallen!" Wir sollten lernen: Gott lässt auch uns nicht fallen!

Danach hielt unser damaliger Bischof Dr. Johannes Hempel die Predigt. An

einen Satz seiner Predigt erinnere ich mich auch noch ganz genau. Er sagte: „Wenn Gott auch Wetterwolken über die Erde schicken muss, dann vergisst er nicht, dass unter Blitzen und Donner seine Freunde wohnen."
So wurden wir damals im Glauben – im Vertrauen zu Gott – sehr ermutigt. Inzwischen ist viel geschehen, wovon wir 1983 nicht zu träumen wagten! Mein damaliges Land – eine Diktatur – gibt es nicht mehr. Aber Gott, den die Herrscher als „Opium für das Volk" bekämpften, wird heute noch immer in meinem Land gelobt!
Ich weiß nicht – lieber unbekannter Tröster – ob Dich meine Erinnerungen an diesen Kirchentag langweilten? So ist das: Was man nicht selbst erlebt hat, was andere berichten, das muss nicht unbedingt ein „Feuer" in uns entzünden!
Zuletzt schreibst Du an Deine Leser fast im Befehlston: „Werft das Vertrauen nicht weg!" So redet, so schreibt nur einer, der „ergriffen" worden ist. Weil Du von Jesus Christus ergriffen worden bist, möchtest Du nichts sehnlicher, als dass auch Deine Leser „Ergriffene" sein mögen!
Aber: Vertrauen muss gewagt werden! Gegen das Vertrauen spricht nicht nur die Bedrohung von „außen", sondern auch der Zweifel im Herzen. Der Zweifel fragt: „Wo ist denn Dein Gott?" Der Zweifel macht uns „müde"! Deshalb erinnerst Du Deine Leser an die Geduld. Sie fehlt uns oft. Sie fehlt auch mir. Meine Welt wird vom Tempo bestimmt. Alles muss schnell gehen! Geduld ist heute keine besonders geschätzte Tugend.
Gott sei Dank, dass Gott Geduld hat! Sehr viel Geduld! Manchmal meinen wir sogar, er habe zu viel Geduld. Dabei ist es so tröstlich: Wo Geduld ist, da ist das „letzte Wort" noch nicht gesprochen! Wo Geduld ist, da ist noch Hoffnung! Wo Geduld ist, hat der Zweifel verspielt! Verstehe ich Dich richtig? –
An anderer Stelle Deines Briefes an die Hebräer schreibst Du: „Bleibt in der Versammlung; bleibt in der Gemeinde." Denn nur mit anderen Gläubigen kann der Glaube bestehen und wachsen.

Noch einmal will ich aus der „Kirchentagspredigt" von Bischof Dr. Hempel im Juli 1983 zitieren: „Wenn wir wieder einmal am Verzagen sind, weil die Aufgaben nicht zu schaffen sind, weil die wichtigsten Probleme nicht gelöst werden, weil sogar die Freunde uns nicht verstehen, weil das Unkraut von selbst wächst, die Saat aber viel Pflege braucht.....,wenn wir darüber verzagen möchten, dann blicken wir auf Christus, den Gekreuzigten, und hören: Vertraut Gott!

Wir möchten ein ziemlich gradliniges Leben. Ein paar Konflikte – einverstanden! Aber keine großen Gefahren. Das ist verständlich. Vieles können und müssen wir für ein „gradliniges" Leben tun. Aber garantiert ist es nicht. Jeder muss seinen Becher Galle trinken. Auch jede Gesellschaft! Das ist aber möglich: Dass wir mit unseren Ängsten und Konflikten zum Kreuz unseres Herrn treten und ihm sagen, wie uns zumute ist. Dann wird er – in Wort und Sakrament – uns in der Gemeinde vergewissern, dass er bei uns ist und uns vertraut. Das gebrochene Licht wird zum Regenbogen. Der zerbrochene Christus wird zum Freundschafts-Testament Gottes."

Ich glaube, anders hättest Du – lieber Tröster – es Deinen „müde" gewordenen Mitchristen auch nicht gesagt.

Das Vertrauen zu Gott behalten. Die Geduld im Alltag bewähren. Und in der Gemeinde unter dem Kreuz bleiben. So wird unser Glaube zum Sieg, der die Welt überwunden hat.

Amen.

Predigt am 17. Sonntag nach Trinitatis

Johannes 9, 35 – 41

Der Text:

Es kam vor Jesus, dass sie ihn, den Blindgeborenen, ausgeschlossen hatten. Und da er ihn fand, sprach er zu ihm: „Glaubst du an den Menschensohn?"
Er antwortete und sprach: „Herr, wer ist es, auf dass ich an ihn glaube?"
Jesus sprach zu ihm: „Du hast ihn gesehen; und der mit dir redet, der ist es!"
Er aber sprach: „Herr, ich glaube", und fiel vor ihm nieder.
Und Jesus sprach: „Ich bin zum Gericht in die Welt gekommen, auf dass, die da nicht sehen, sehend werden, und die da sehen, blind werden."
Solches hörten etliche Pharisäer, die bei ihm waren, und sprachen zu ihm: „Sind wir denn auch blind?" Jesus sprach zu ihnen: „Wäret ihr blind, so hättet ihr keine Sünde; aber nun sprecht ihr: Wir sind sehend, bleibt eure Sünde."

Liebe Gemeinde,

von einem Blindgeborenen, den Jesus sehend gemacht hat, berichtet Johannes. Erneut wird uns modernen Menschen eine Wundergeschichte zugemutet. Sollen wir einen unerklärlichen Vorgang für wahr halten? Ist man erst dann ein richtiger Christ, wenn auch die Wunder, die Jesus tat, keine Fragen bei uns auslösen?
Ich glaube, dass dieses Wunder mehr als eine unerwartete Heilung bezeugen will. Ob es uns hilft, wenn der „Blindgeborene", der nun sehen kann, selbst zu Wort kommen kann? Über seine Heilung könnte er so berichten:
Liebe Freunde und Nachbarn,

ich bin der glücklichste Mensch unter der Sonne! Ihr glaubt mir den Überschwang meiner Gefühle nicht? Ich übertreibe nicht – wenn ich jubelnd sage: Ich bin der glücklichste Mensch auf Erden! Vielleicht versteht ihr mich, wenn ich Euch sage: Ich kann sehen! Endlich sehen! – Seit meiner Geburt war ich blind. Meine Eltern waren sehr betrübt, sehr bestürzt, als sie merkten, dass ihr Sohn, ihr Stammhalter, blind ist. Ich sollte doch ihre Hoffnung sein! Ich sollte sie einmal im Alter versorgen? Aber als Blinder war ich nicht der Garant ihrer Zukunft! Ich fiel ihnen zur Last. Jetzt, und mein ganzes Leben lang!

Sie erklärten mir geduldig, wie unsere Wohnung aussah, damit ich mich im Haus zurecht finden konnte. Später, als ich groß genug geworden war, gingen sie oft mit mir den Weg zum Tempel. Dort sollte ich betteln. Mit den Almosen, mit dem Mitleid der Tempelbesucher, musste ich ja versuchen, meinen Lebensunterhalt zu bestreiten!

So wäre es sicher bis an das Ende meiner Tage weitergegangen, wenn Jesus nicht in mein Leben gekommen wäre! Ich konnte ja, als er mich sah, ihn noch nicht sehen! Aber ich hörte, dass es im Tempel zu einem Tumult gekommen war. Gewiss, leise ging es dort selten zu! Aber da ich nicht sehen konnte, war mein Gehör besonders geschärft.

Diese Mal war aber der Lärm im Tempel – das konnte ich gut unterscheiden – ein anderer als sonst. Es klang nicht nach der Schlachtung der Tiere, die geopfert werden sollten. Viele Stimmen schrien durcheinander. So hörte ich, dass sie einen Jesus steinigen wollten, weil er gesagt haben sollte, er sei eher denn Abraham gewesen.

Der Tumult kam näher. Jetzt schien sich das Streitgespräch um meine Person zu drehen. Deutlich hörte ich, wie einige sagten: Wer hat gesündigt? Der Blinde – oder seine Eltern? Mir fuhren diese Worte bis in`s Mark! Wie oft hatte ich sie schon gehört. Gott lässt doch nicht ohne Grund einen Menschen krank oder behindert sein! In vielen schlaflosen Nächten hatte ich oft darüber

gegrübelt, warum ich immer „in der Nacht" leben muss? Womit hatte ich das verdient? Warum konnte ich die Sonne, die Menschen, die Blumen und das Licht nicht sehen?
Obwohl meine Augen IHN noch nicht sehen konnten, war es wie eine Befreiung, als ich die Worte aus seinem Mund vernahm: „Weder hat er, noch haben seine Eltern Schuld auf sich geladen, dass dieser blind ist. Vielmehr sollen die Werke Gottes an ihm offenbar werden. Ich muss diese Werke tun, ehe die Nacht kommt, da niemand wirken kann. Ich bin das Licht der Welt,"
Ja, das sagte Jesus: Ich bin das Licht der Welt!
Dann geschah das Wunder. Einen Brei aus Erde und Speichel legte er auf meine Augen. Dann schickte er mich zum Teich „Siloah". Er liegt am südlichen Ende des Tempelbezirks. Dort sollte ich mich waschen. Ich tappte zum Teich. Ich wusch den Brei von meinen Augen ab. Und – ich konnte sehen! Richtig sehen!
Machte mich dieses Wunder schon zum glücklichsten Menschen der Welt? Nein – dass ich sehen konnte, das war schon ein Wunder! Ich werde Jesus immer dafür dankbar sein! Aber das eigentliche Wunder war noch gar nicht geschehen. Das eigentliche Wunder? War meine Heilung denn nicht wunderbar? Wie soll ich es sagen?
Sehen können ist so wichtig! Wer könnte es besser beurteilen als ich, der ich blind war! Doch auch ich – der Blinde – brauchte eine zweite Begegnung mit Jesus, ehe ich der glücklichste Mensch wurde.
Es kam alles so plötzlich, so verwirrend auf mich zu. Ich will doch lieber im „Dunkeln" bleiben, als im „Licht" stehen! Natürlich kannten mich viele Besucher des Tempels. Sie hatten mich doch als blinden Bettler im Vorhof des Tempels erlebt! Sie kannten mich! Ich kannte sie nicht! Sie fragten: Ist das nicht der Blinde, der im Vorhof des Tempels bettelte? Hat er seine Blindheit nur vorgetäuscht? Hat er unser Mitleid schamlos ausgenutzt?
Ich sagte, dass ich der Blinde sei, den Jesus geheilt hat. Doch sie wollten

dem Wunder auf den Grund gehen. Darum führten sie mich zu den Priestern. Sie führten mich, als ob ich noch blind sei!
Von den frommen Männern wurde ich ausgefragt. Wie sollten sie das Wunder „einordnen"? Dass gerade Sabbat war – also der von Gott gebotene Tag der Ruhe – irritierte sie am meisten. Wenn Gott am Werk war.....? Nein, Gott konnte das Wunder nicht an mir getan haben. Gott übertritt doch nicht selbst seine Gebote! Wer war es? So fragten sie mich. Was sollte ich ihnen antworten? Ich kannte Jesus – ehe er mich sehend machte – ja gar nicht! So antwortete ich auf ihre Frage: „Ich weiß nur, dass ich blind war. Jetzt kann ich sehen. Ich denke, dass der, der mich heilte, ein Prophet sein muss."
Damit aber war die Unruhe bei den Priestern, die meine Heilung ausgelöst hatte, nicht beendet. Sie glaubten mir nicht, dass ich wirklich blind gewesen sei. Sie glaubten mir nicht. Das verletzte mich schon. Sie riefen meine Eltern herbei. Auch sie sagten: „Ja, das ist unser Sohn. Ja, er wurde blind geboren. Doch wer ihn sehend gemacht hat, wissen wir nicht. Fragt ihn selbst. Er ist alt genug."
Warum wollten die Priester nicht glauben, dass Jesus mich geheilt hatte? War es ihre Blindheit? Ich wurde von ihnen wieder in's Verhör genommen: „Bestätige uns, dass dieser Mensch ein Sünder ist!", das wollten sie von mir hören! Ich bin doch kein Theologe! Was wusste ich über „Sünde" und über „Heil"? Ich wusste nur, dass man mich der „Sünde" bezichtigte, weil mich Gott mit Blindheit gestraft hatte. Und ich wusste, dass Jesus mich „heil" gemacht hatte. Das sagte ich den gebildeten Männern, die doch alles wissen, die auf jede Frage eine Antwort und für alle Fälle eine Erklärung parat haben!
Seit Moses Zeiten wissen wir, dass Gott Sünder nicht erhört. Wäre dieser Jesus nicht von Gott, er hätte mich nicht sehend machen können.
Meine Belehrung verbitterte die frommen Männer. Sie stießen mich hinaus. Die Gemeinschaft mit den anderen im Tempelvorhof wurde mir verwehrt. Ausgestoßen – ausgeschlossen – ausgegrenzt wurde ich. Ja, so wie ich es

schon als Blinder war!

Da findet mich Jesus zum zweiten Mal. Zuerst verwirrte mich seine Frage: „Glaubst du an den Menschensohn?" Ich dachte: Jetzt geht das Verhör weiter! Aber in seinen Worten spürte ich doch den Unterschied zu den Fragen der Priester. Seine Frage machte mich nicht unsicher. Sie trieb mich nicht in die Enge. Sie öffnete mein Herz! Ich fragte voller Vertrauen zurück: „Herr, wer ist der Menschensohn? Ich möchte an ihn glauben." Und Jesus öffnete nicht nur mein Herz; er öffnete mir auch sein Herz! Er sagte zu mir: „Du hast ihn gesehen. Der mit dir redet, der ist es." Ich konnte nur auf meine Knie sinken und sagen: „Herr, ich glaube!"

Seitdem bin ich der glücklichste Mensch auf Erden! Ich freue mich nicht nur täglich darüber, das ich das Licht sehen kann. Ich kenne jetzt auch das Licht der Welt.

Aber ich weiß auch, dass die Hälfte des Tages dunkel ist. Nicht nur die Blinden kennen die „Nacht". Die „Dunkelheit" kennen auch die Sehenden. So haben mich die letzten Worte Jesu erschreckt, die er an die „Frommen" richtete: „Ich bin zum Gericht in die Welt gekommen, dass, die da sehend sind, blind werden und die Blinden sehend."

Ich erinnerte mich: Wie ärgerlich war ich, als die Priester mir nicht glaubten! Muss Jesus nicht – so dachte ich – noch viel trauriger darüber sein, dass man ihm keinen Glauben schenkt? Wie oft sind die „Sehenden" blind für Jesus? Statt ihm ihre „Herzen" zu öffnen, wollen sie höchstens mit ihm diskutieren. Sie wollen ihn begreifen. Sie wollen ihn „in den Griff" bekommen. Damit bleiben sie aber weiter bei den „kleinen Laternen ihrer Erkenntnis", statt dem „Licht der Welt" zu folgen. Ich habe es an mir selbst erfahren: Nicht die „Blindheit der Augen" ist Sünde. Wohl aber ist es Sünde, sich von der „Blindheit des Herzens" durch Jesus nicht heilen zu lassen. Herr, ich glaube! Mehr erwartet Jesus nicht.

Das war meine Geschichte. Eine Bitte habe ich: „Hüter, wird die Nacht der

Sünden nicht verschwinden? Hüter, ist die Nacht schon hin? Wird die Finsternis der Sinnen bald zerrinnen, darin ich verwickelt bin? Jesus gib gesunde Augen, die was taugen; rühre meine Augen an; denn es ist die größte Plage, wenn am Tage man das Licht nicht sehen kann."

Amen.

Predigt am 18. Sonntag nach Trinitatis

Epheser 5, 14 – 21

Der Text:

„Wache auf, der du schläfst, und stehe auf von den Toten, so wird dich Christus erleuchten. So seht nun wohl zu, wie ihr wandelt, nicht als Unweise, sondern als Weise, und kauft die Zeit aus; denn es ist böse Zeit. Darum werdet nicht unverständig, sondern versteht, was da sei des Herrn Wille. Und sauft euch nicht voll Wein, daraus ein unordentliches Wesen folgt, sondern werdet voll Geistes. Redet untereinander in Psalmen und Lobgesängen und geistlichen Liedern. Singt und spielt dem Herrn in euren Herzen und sagt Dank allezeit für alles Gott, dem Vater, in dem Herrn Jesus Christus, und seid einander untertan in der Furcht Christi."

Liebe Gemeinde,

die Frage des Schriftgelehrten an Jesus: „Was muss ich tun, damit ich das ewige Leben gewinne?" – wir hörten sie soeben in der Lesung des Evangeliums (Lukas 10, 25 – 37) – diese Frage muss auch unsere Frage sein! Ja, wie gewinnen wir das „Leben"?
Die griechische Sprache kennt für „Leben" zwei Worte: Das eine ist „Bios". Wir kennen es als „Biologie" auch in unserer Sprache. „Biologie" ist die Lehre vom Leben der Pflanzen, Tiere und Menschen. Das zweite griechische Wort für „Leben" ist „Zoee". Es ist nur schwer in unsere Sprache zu übersetzen. Vielleicht trifft die Umschreibung: „Erfülltes Leben" am ehesten den Sinn des Wortes. Nach „Zoee" fragt der Schriftgelehrte; fragen auch wir! Wie gewinnen

wir „Zoee"; erfülltes, gar ewiges Leben? Um diese Frage „kreist" auch der Epheserbrief. Er ist eigentlich gar kein „Brief", eher eine feierliche Predigt an Täuflinge. Ich könnte auch sagen: Dieser Brief enthält den „Stoff" für den Konfirmandenunterricht, wenn es ihn damals schon gegeben hätte!

Es ist sehr wahrscheinlich, dass der Apostel Paulus diesen Brief nicht geschrieben haben wird. Ein Schüler des Paulus wird wohl der Verfasser gewesen sein. Auch der Ortsname „Ephesus" ist erst später in einige Handschriften eingefügt worden. Verfolgungen der Christen haben wieder begonnen. Auch der Schreiber des Briefes bezeichnet sich im 3. Kapitel seines Briefes als „Gefangener des Herrn"!

Weil ich viele Fragen zu diesem Text an den uns unbekannten Verfasser habe, möchte ich mit ihm darüber reden. Das würde ich zu ihm sagen:

Lieber unbekannter „Gefangener des Herrn",

Dein Brief hat meinen Dienst als Pfarrer schon früh geprägt. Es ist zwar unwichtig, aber ich sage es Dir dennoch. Meine allererste Predigt hatte ich als Student in Leipzig in der damaligen Universitätskirche, der sogenannten „Paulinerkirche", vor meinen Mitstudenten, einigen Professoren und etlichen Besuchern zu halten. Der Predigttext war Epheser 6,1 - 6. Dort beschreibst Du die „geistliche Waffenrüstung" der Christen. Mir kommt es immer noch so vor, als sei es erst gestern gewesen. Dabei sind schon sehr viele Jahre seitdem vergangen.

Wie wir als Christen richtig leben sollen, das war sowohl zu Deiner Zeit als auch in der Zeit meines Studiums eine wichtige Frage. Ich lebte damals in einem sozialistischen Land, inzwischen ist es ein demokratisches Land geworden. Aber wie wir richtig leben, ist für uns Christen noch immer die wichtigste Frage geblieben!

Du hast es richtig erkannt: Wenn wir Christen uns nicht von den Nichtchristen unterscheiden, warum sind wir dann Christen? Doch worin besteht der Unterschied? Wir tragen ja keinen „Heiligenschein"! Weißt Du, das ist ein goldener

Ring, den viele Maler auf ihren Gemälden den „Heiligen" über deren Köpfe gemalt haben. Nein, so einen goldenen Ring tragen wir natürlich nicht! Und Jesus trug einen „Heiligenschein" ganz gewiss auch nicht! Deshalb noch einmal meine Frage: Woran erkennt man „Heilige"?

Ich lese bei Dir: „Wacht auf! Seid besonnen! Habt einen klaren Kopf!" Du sagst sogar, einen „nüchternen" Kopf!" Doch zugleich lese ich auch: „Seid geisterfüllt! Habt ein übervolles Herz! Drückt das in Liedern und Psaltern aus! Jubelt dankbar aus vollem Herzen!"

Deshalb muss ich Dich fragen: „Besonnenheit" und „klarer Kopf", wie passt das mit „erfüllten Herzen" und „Begeisterung" zusammen?

Es passt nicht zusammen! So urteilen viele bis heute. Entweder bin ich ein „nüchterner" und ein „besonnener" Mensch; dann kann ich aber nichts mit den „Wundergeschichten" der Bibel, auch nichts mit „Auferstehung" anfangen! Oder ich bin ein „geisterfüllter" Mensch; dann blicke ich mit verzücktem Gesicht und mit erhobenen Armen auf alle die herab, die nur ihren – hoffentlich (!) – gesunden fünf Sinnen vertrauen, und die keine Ahnung haben von dem, was noch zwischen Himmel und Erde geschieht! Hast Du das gemeint?

Ich bringe „Nüchternheit" und „Begeisterung" als das Kennzeichen für uns Christen nicht zusammen! Du machst es mir nicht leicht!

Ich bin ein „nüchterner" Mensch. Meine Zeit hat mich so geprägt. Du hast Dir Deine Zeit, ich habe mir meine Zeit, keiner hat sich seine Zeit aussuchen können! Ich bin als Mann geboren worden. Wäre ich eine Frau, würde ich vermutlich anders denken und anders handeln als ein Mann? Das muss man doch „nüchtern" anerkennen! Gerade heute, zu meiner Zeit, spielen die Unterschiede zwischen Frauen und Männern eine sehr große Rolle! Schließen sich „Nüchternheit" und „Begeisterung" nicht immer aus?

Du siehst es nicht so?! Dabei verdeckst Du nicht die Probleme. Du schreibst von „böser" Zeit. „Böse" war gewiss nicht nur die damals wieder begonnene Christenverfolgung. Du schreibst diesen Brief aus dem Gefängnis! Vermutlich hast Du am eigenen Leib viel Böses erfahren?

Doch ich verstehe Deine Worte: „Böse Zeit", auch als einen Hinweis auf die Veränderungen, die es immer wieder in der Welt gibt. Denn, was heute noch Angst macht, kann morgen schon lächerlich sein! Ich habe es in meinem Leben erfahren! Ich dachte, dass sich die Diktatur in meinem Land nie ändern würde. Aber nach 40 Jahren war sie vorbei!

Aber weil Du so weitsichtig die „Welt in Bewegung" siehst, warnst Du zugleich vor der Anpassung an den „Zeitgeist". Denn auch hier gilt: Vieles, was heute aktuell, was heute modern ist, kann, ja, wird morgen schon veraltet und überholt sein! Deine „Nüchternheit" beeindruckt mich! Da möchte ich viel von Dir für meine Zeit lernen. Gestern noch galten bei uns die „Zehn Gebote der sozialistischen Moral". Heute lachen wir über einen solchen „Schwachsinn"! Keiner kennt sie mehr!

Heute gilt: Wer viel Geld hat, der beherrscht die Welt! Zeit ist Geld! Auch Du sprichst vom „Auskaufen der Zeit". Doch ich bin ganz sicher, Du meinst damit nicht die Jagd nach dem Geld. Du warnst ja vor dem „Zeitgeist"! Vor dem Geist des „Mammons", der heute sehr viele Menschen knechtet! Vor dem Geist der Nazis, die Andersdenkende, Ausländer und Schwache verachten. Vor dem Geist der Nihilisten, die an nichts glauben können oder glauben wollen.

Habe ich Dich richtig verstanden? „Leben im Geist Gottes" ist die „nüchterne" Prüfung dessen, was Gott heute von uns will! Was sollen wir tun? Was sollen wir lassen? Wie können wir unser Leben einmal vor Gott verantworten? –

Ich muss Dir von Martin Niemöller berichten:

Er war Offizier auf einem U-Boot im ersten Weltkrieg. Der Krieg veränderte sein Weltbild. Er studierte Theologie und wurde Pfarrer in Berlin-Dahlem. Von Hitler – einem Tyrannen unserer Zeit – wurde er sieben Jahre im KZ Dachau gefangen gehalten. Nach seiner Befreiung wurde er Bischof. Von ihm stammt der schlichte, aber so wichtige Satz: „Was würde Jesus dazu sagen?" Ja, wie würde sich Jesus verhalten, wenn er unsere Entscheidung zu treffen hätte? Dieser Satz hat vielen Christen geholfen, nüchterne und zugleich richtige Wege zu gehen.

Bleibt zuletzt noch Deine Ermutigung: „Werdet mit Gottes Geist erfüllt!" Wenn Du heute einmal bei einem Fußballspiel dabei sein könntest! Da sind Woche für Woche Tausende begeistert, wenn ihre Mannschaft gewinnt. Dabei ist es doch nur ein Spiel! Eine solche „Begeisterung" kannst Du unmöglich gemeint haben?! Wenn ich Dich richtig verstanden habe, dann sagst Du. Ein Christ lebt noch in der „bösen" Zeit. Sie ist vom Zeitgeist bestimmt. Sie ist hektisch, oft leer und manchmal auch sinnlos.

Aber von Gottes Geist erfüllt, lebt der Christ auch schon im „Himmel". Noch ist er nicht dort. Aber er weiß um Gottes neue Welt. So kann er die „böse" Welt mit anderen Augen sehen. Das unterscheidet uns Christen von denen, die nur diese Welt kennen. Habe ich das richtig erkannt?

Die neue Sicht der Welt – nicht ein „Heiligenschein" – unterscheidet uns Christen von Nichtchristen!

Wer von Jesus Christus ergriffen worden ist, wie es Dein Lehrer Paulus in seinem Brief an die Philipper sagt (Kap. 3, 12), der „jagt" diesem Ziel nach. Er hat noch zu kämpfen. Aber er weiß zugleich: „Auskaufen der Zeit" heißt nicht: „Zeit ist Geld", sondern: „Zeit ist Gnade"!

Paul Gerhardt – er war ein Pfarrer und ein begnadeter Liederdichter in einer schweren Zeit – hat es in einem seiner wunderbaren Liedern so gesagt: „Mein Herze geht in Sprüngen und kann nicht traurig sein. Ist voller Freud und Singen, sieht lauter Sonnenschein. Die Sonne, die mir lachet, ist mein Herr Jesus Christ. Das, was mich singen machet, ist, was im Himmel ist." (EG 351, 13)

Ich glaube, Du hättest es ebenso gesagt! Was im Himmel uns Gott, der Vater Jesu Christi bereit hält, das lässt uns schon hier auf Erden jubeln und fröhlich sein! So können wir diese „böse Welt" gelassen ertragen und zugleich versuchen, mit dem, was in unseren Kräften steht, sie zu einer freundlicheren Welt verändern! So ist unser Glaube der Sieg, der die Welt überwunden hat.

Amen.

Predigt am 22. Sonntag nach Trinitatis

Matthäus 18, 21 – 35

Der Text:

Da trat Petrus zu Jesus und sprach: „Herr, wie oft muss ich meinem Bruder, der an mir sündigt, vergeben? Ist's genug siebenmal?" Jesus sprach zu ihm: „Ich sage dir: Nicht siebenmal, sondern siebzig mal siebenmal."
Darum ist das Himmelreich gleich einem König, der mit seinen Knechten abrechnen wollte. Und als er anfing zu rechnen, kam vor ihn einer, der war ihm zehntausend Pfund schuldig. Da er's nun nicht hatte, zu bezahlen, hieß der Herr ihn verkaufen, ihn und sein Weib und seine Kinder und alles, was er hatte, und bezahlen. Da fiel der Knecht nieder und warf sich auf sein Angesicht vor ihm und sprach: Habe Geduld mit mir. Ich will dir alles bezahlen. Da jammerte den Herrn des Knechts, und er ließ ihn los, und die Schuld erließ er ihm auch. Da ging derselbe Knecht hinaus und fand einen seiner Mitknechte, der war ihm hundert Silbergroschen schuldig. Und er griff ihn und würgte ihn und sprach: Bezahle, was du mir schuldig bist! Da fiel sein Mitknecht nieder und bat ihn und sprach: Habe Geduld mit mir, ich will dir's bezahlen. Er wollte aber nicht, sondern ging hin und warf in's Gefängnis, bis er bezahlt hätte, was er schuldig war.
Da aber seine Mitknechte solches sahen, wurden sie sehr betrübt und kamen und brachten vor ihren Herrn alles, was sich begeben hatte.
Da forderte ihn der Herr vor sich und sprach zu ihm: „Du Schalksknecht, alle deine Schulden habe ich dir erlassen, weil du mich batest. Hättest du da dich nicht auch erbarmen sollen über deinen Mitknecht; wie ich mich über dich erbarmt habe?"

Und sein Herr wurde zornig und überantwortete ihn den Peinigern, bis dass er bezahlt hätte alles, was er ihm schuldig war.
So wird mein himmlischer Vater euch auch tun, wenn ihr nicht von Herzen vergebt, ein jeglicher seinem Bruder.

Liebe Gemeinde,

„irgendwann ist das Maß voll!" So sagen wir, wenn unsere Geduld am Ende ist. Wenn wir von anderen ausgenutzt werden. Wenn uns immer mehr aufgebürdet wird. Von einem, der seine Geduld „strapazieren" wollte, ist heute zu reden. Am besten, ich erteile ihm selbst das Wort:
Ich bin Petrus. Ich folge Jesus nach. Mein Leben ist – seit ich ihm nachfolge – wahrlich nicht leichter geworden. Aber ich habe meinen Entschluss bis heute nicht bereut. Bei Jesus habe ich sehr viel für mein Leben gelernt. Ich bin ein cholerischer Mensch. So nennt man die, die schnell aufbrausen. Ja, mein Temperament geht oft mit mir durch. Ist das schlecht? Mir sind aber temperamentvolle Leute lieber, als langweilige! Ihnen auch?
Neulich hatten wir mit Jesus eine heftige Debatte. „Wer ist der Größte von uns im Himmel?", so wurde Jesus gefragt. Denn einige von uns „Nachfolgern Jesu" wollten die Plätze im Himmel – in Gottes neuer Welt – schon jetzt verteilt wissen. Mein Ehrgeiz, der Größte sein zu wollen, wurde herausgefordert. Doch dann rief Jesus ein Kind in unsere Mitte – ein Kind! Wir waren alle sehr verwundert. Ein Kind ist doch noch gar kein „richtiger", kein erwachsener Mensch!
Und dann sagte er zu uns: „Wer so einfältig, so vertrauensvoll sein kann, wie dieses Kind, der ist der Größte im Reich Gottes." Darüber musste ich lange nachdenken. „Wenn ihr nicht werdet wie die Kinder" – ja, das sagte Jesus zu uns! Wir hatten das mit dem Kind in unserer Mitte wohl alle nicht so recht verstanden. Zum Glück ging unser Gespräch bald in eine andere Richtung. Wie

so oft war ich natürlich der „Initiator"! Denn ich fragte Jesus: „Wie oft muss man vergeben?" Diese Frage war doch, meiner Meinung nach, viel wichtiger als die Frage, wer von uns der „Größte im Himmel" sei. Ich bin temperamentvoll. Ich sagte es ja schon. Darum wollte ich den anderen Jüngern zuvorkommen und gab selbst die Antwort auf meine Frage. Ich sagte: „Herr, ist es genug, wenn ich meinem Bruder, der an mir schuldig geworden ist, siebenmal vergebe?"
Mein Temperament! Hatte ich den Mund zu voll genommen? Siebenmal! Wie kam ich nur darauf? Bei uns Juden gilt die Regel: Zwei- bis dreimal soll man vergeben. Ich aber sagte: Siebenmal!
Natürlich wollte ich Jesus und die anderen Jünger damit beeindrucken. Ich hatte schon gehofft, von ihm dafür gelobt zu werden. Er kannte mich doch! Doch was ich von ihm hörte, darüber muss ich reden! Er lobte mich mit keinem einzigen Wort. – Na, gut! Er sagte: „Nicht siebenmal, sondern siebzig mal siebenmal." Kann einer Jesus verstehen?
Siebenmal Schuld vergeben. Das war doch schon viel mehr, als unser Glaube von uns erwartet! Siebzig mal siebenmal. Ich rechnete. Das ist ja 490 mal! Das heißt doch: Immer! Denn wer kann bis 490 zählen, wenn er vergibt? Nein, mit dieser Antwort hatte ich nicht gerechnet. Immer vergeben! Wo führt das hin? Dem Unrecht wird doch damit Tür und Tor geöffnet! Bei grenzenloser Vergebung gibt es ja keine Strafe mehr! –
Da erzählte uns Jesus eine Geschichte. Ja, Geschichten erzählen, das kann er! Von einem Schuldner erzählte er. Die Schuldsumme war immens! Unvorstellbar groß! Wie es zu dieser hohen Verschuldung gekommen war, sagte Jesus nicht. Doch: Wie sollte diese große Schuldsumme jemals vom Schuldner abgetragen werden? Die „Sippenhaft" hätte er mit Frau und Kindern antreten müssen, weil er allein doch die Schulden niemals hätte tilgen können! Da fällt er seinem Herrn zu Füßen und bittet um Gnade. Und das Unglaubliche geschieht. Sein so gütiger Herr schenkt ihm alles! Statt in das Gefängnis

eingeliefert zu werden, wird er in ein neues und in ein schuldenfreies Leben, von seinem Herrn entlassen.

Doch kaum ist er in der unverdienten Freiheit, trifft er einen, der ihm noch einhundert Denare schuldet. Heute wären das etwa einhundert Euro. Diesem – seinem Schuldner – geht er an den Kragen und will ihn in Schuldhaft bringen lassen, wenn er nicht sofort seine Schulden bezahlt. Kann einer das verstehen?

Da hat er soeben eine grenzenlose Barmherzigkeit erfahren! Aber er ist nicht barmherzig! Er wählt das Recht! Denn den Rechtsanspruch auf diese einhundert Denare, den hatte er! Sein Herr, der so grenzenlos gütige Herr, erfährt, was sich zugetragen hat. Er lässt den Schuldner erneut zu sich kommen. Sein Zorn über dessen unbarmherziges Verhalten ist groß. Jetzt will auch er sein Recht! Und so verliert der „böse" Knecht die soeben empfangene Barmherzigkeit. Auf Barmherzigkeit kann man nicht mit einem Rechtsanspruch an andere antworten! Das geht nicht! Was habe ich aus dieser Geschichte gelernt?

Zuerst: Mir wurde klar, nicht meine Geduld, nicht mein guter Wille, ist nötig, wenn ich meinen Schuldnern vergeben soll. Menschliche Geduld hat Grenzen. Irgendwann „ist das Maß voll" und dann „platzt der Kragen." „Wie du mir, so ich dir!" Nach diesem Grundsatz rechnen wir gegenseitig unsere Schuld auf. Aber wird so unser Miteinander, unser Leben besser?

Weiter erkannte ich: Wie oft hatte ich schon die Barmherzigkeit anderer mit mir nötig! Wer meint, ohne Fehler und ohne Schuld zu sein, sieht diese nur bei den anderen. Und wer von anderen keine Barmherzigkeit nötig zu haben meint, der bekommt ein hartes Herz.

Zuletzt erkannte ich – war es die wichtigste Erkenntnis (?) – dass in der Nachfolge Jesu nicht mehr der Grundsatz gilt: „Wie du mir, so ich dir." Jetzt gilt: „Wie Gott mir, so ich dir." Wie ich täglich Gott in dem Gebet, das Jesus uns gelehrt hat, bitte: „Vergib uns unsere Schuld", so soll ich, so darf ich ehrlichen Herzens zu Gott sagen: „Wie auch wir vergeben unseren Schuldigern." Jetzt weiß ich: Ich soll nicht ein „Echo" auf die Bosheit in der Welt sein, sondern ein „Echo" auf die Liebe und Barmherzigkeit Gottes.

Amen.

Wilfried Weißflog,

geboren 1944 im Erzgebirge,

nach der Schulzeit Ausbildung zum Kantor und Pfarrer an der Kirchenmusikschule in Görlitz, am Kirchlichen Proseminar in Naumburg und an der Universität in Leipzig. Ordination 1969. Pfarrer in Reinsberg, Dresden und Zittau. Zuletzt zugleich Superintendent des Kirchenkreises Löbau-Zittau. Lebt als Ruheständler in Dresden.

Printed by Books on Demand GmbH, Norderstedt / Germany